VOYAGES
DE
GULLIVER.
TOME PREMIER.

A PARIS,
Dans la boutique de la V. Coustelier,
chés Jacques Guerin,
Quay des Augustins.

M. DCC. XXVII.
AVEC PRIVILEGE DU ROY.

A

MADAME

LA MARQUISE D***

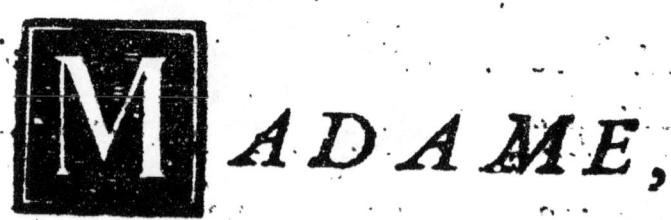ADAME,

LES Femmes ont un droit naturel sur les Ou-vrages d'imagination : Ils

* ij

EPITRE.

sont faits pour elles, & tous les êtres du système Poëtique n'ont été créés peut-être que pour les amuser. Mais toute fiction ne convient pas à certaines Femmes d'un esprit solide & d'un goût délicat. Comme, en qualité de Traducteur, je m'imagine que ce Livre a tout le mérite qui vous convient, je juge, Madame, que vous devés le lire avant qui que ce soit, & pour cela, je prens aujourd'hui la liberté de vous l'envoïer. Recevez, Madame,

EPITRE.

ce témoignage de l'estime & du profond respect, avec lequel j'ai l'honneur d'être,

Vôtre très-humble
& très-obéïssant
Serviteur ****

PREFACE
DU
TRADUCTEUR.

L'Auteur de cet Ouvrage est le celebre M. Swift, Irlandois, Doïen de l'Eglise de S. Patrice à Dublin, dont tous les Ecrits, soit dans le genre de Belles-Lettres, soit sur les matieres de Politique, sont connus & trés-estimés en Angleterre.

Il y a environ dix-sept

ans qu'il fit imprimer à Londres un volume in 8°. *d'Oeuvres mêlées*. En 1701. il donna au Public l'*Histoire des Diffentions*, qui s'éleverent autrefois dans les Republiques d'Athenes & de Rome, entre la Noblesse & le Peuple : Ouvrage où il faisoit allusion aux accusations intentées en 1700. par la Chambre-Basse contre les Milords Somers, Halifax & Orford. Sans parler de plusieurs de ses Ecrits, qui regardent les affaires d'Etat, & les interêts des Princes de l'Europe, il y a quatre ou cinq ans, qu'il publia sept

PREFACE. ix

petits Traités, au sujet d'une certaine monnoïe de cuivre, que le Gouvernement vouloit introduire en Irlande. Ces écrits également ingenieux & sensés, firent tant d'impression sur les Esprits, que le Lord Carteret, envoïé en Irlande pour faire executer les ordres de la Cour, fut rappellé & la nouvelle Monnoïe de cuivre abolie.

On connoît assés en France le *Conte du Tonneau*, dont le même M. SWIFT est l'Auteur, & dont la Traduction, qui fut debitée à Paris il y a cinq ou six ans, quoi qu'assés mauvaise, eut beaucoup de succés.

Sur la fin de l'année derniere, M. Swift publia à Londres les *Voyages du Capitaine Lemuel Gulliver*, dont il s'agit ici. Un Seigneur Anglois qui réside à Paris, les ayant presque aussi-tôt reçûs d'Angleterre, me fit l'honneur de m'en parler, comme d'un Livre agréable & plein d'esprit. Le suffrage de ce Seigneur, qui a lui-même beaucoup d'esprit, de goût, & de Litterature, me prévint en faveur du Livre. Quelques autres Anglois de ma connoissance, dont j'es-

PREFACE. xj

time aussi beaucoup les lumieres, en porterent le même jugement, & comme ils sçavoient que depuis quelque tems j'avois un peu appris leur langue, ils m'exhorterent à faire connoître cet ouvrage ingenieux à la France, par une Traduction qui pût répondre à l'Original.

Dans ce même tems, un ami de M. de Voltaire me montra une lettre de fraîche datte, écrite de Londres, où cet illustre Poëte vantoit beaucoup le Livre nouveau de M. Swift, & assûroit qu'il n'avoit jamais rien lû de plus amusant & de plus spirituel, & que s'il étoit bien traduit en François il auroit un succès éclatant.

Tout cela me fit naître, au commencement du mois de Février de cette année, non seulement l'envie de le lire, mais même le dessein de le traduire, en cas que je m'en sentisse capable, & que je le trouvasse conforme à mon goût. Je le lûs & n'y trouvai aucune obscurité. Mais j'avouë que les trente premieres pages ne me firent aucun plaisir. L'arrivée de *Gulliver* dans l'Empire de *Lilliput*, la description de ce païs & de ses habitans, qui n'avoient que six pouces de hauteur, & le détail circonstancié de leurs sentimens & de leur conduite à l'égard d'un étranger, qui étoit pour eux un Géant, tout cela me parut assés froid & d'un merite mediocre, & me fit craindre que tout l'ouvrage ne fut du même goût.

Mais quand j'eus un peu plus avancé dans la lecture du Livre, mes idées changérent, & je reconnus qu'on avoit eu raison de me le vanter. J'y trouvai des choses amusantes & judicieuses, une fiction soûtenuë, de fines ironies, des allegories plaisantes, une Morale sensée & libre, & par tout une Critique badine & pleine de sel; je trouvai en un mot un Livre tout-à-fait neuf & original dans son genre. Je ne balançai plus; je me mis à le traduire, uniquement pour ma propre utilité, c'est-à-dire, pour me perfectionner dans la connoissance de la Langue Angloise, qui commence à être à la mode à Paris, & que plusieurs personnes de distinction & de merite ont depuis peu apprise.

Je lûs quelques morceaux

PREFACE. xv

de ma Traduction à des amis éclairés, & qui se connoissent en bonne plaisanterie. J'observai la premiere impression que cela produisoit sur eux, & y fis, selon ma coutume, bien plus d'attention qu'aux réfléxions avantageuses qui suivirent. Enfin déterminé par leurs suffrages & leurs conseils, je résolus d'achever ma Traduction, & de risquer de la donner au Public.

Je ne puis neanmoins dissimuler ici que j'ai trouvé dans l'Ouvrage de M. Swift, des endroits foibles & même très-mauvais ; des allegories impénétrables, des allusions insipides, des détails puerils, des réfléxions triviales, des pensées basses, des rédites ennuïeuses, des poliçonneries grossieres, des plaisanteries fades, en un mot, des choses qui renduës litteralement en François, auroient paru indécentes, pitoïables, impertinentes, auroient révolté le bon goût qui régne en France, m'auroient moi-même couvert de confusion, & m'auroient infailliblement attiré de justes reproches, si j'avois été assés foible & assés imprudent, pour les exposer aux yeux du Public.

Je

PREFACE. xvij

Je sçai que quelques-uns répondent, que tous ces endroits qui choquent, sont allégoriques, & ont du Sel pour ceux qui les entendent. Pour moi, qui n'en ai point la clé, non plus que ces Messieurs même qui en font l'apologie, & qui ne puis ni ne veux trouver l'explication de tous ces beaux mystéres, je déclare que j'ai crû devoir prendre le parti de les supprimer entierement. Si j'ai peut-être laissé encore quelque chose de ce genre dans ma Traduction, je prie le Public de songer qu'il est naturel à un Traducteur de

**

PREFACE.

se laisser gagner, & d'avoir quelquefois un peu trop d'indulgence pour son Auteur. Au reste, je me suis figuré, que j'étois capable de suppléer à ces défauts & de réparer ces pertes, par le secours de mon imagination, & par de certains tours que je donnerois aux choses même qui me déplaisoient. J'en dis assés, pour faire connoître le caractere de ma Traduction.

J'apprends qu'on en imprime actuellement une en Hollande. Si elle est litterale, & si elle est faite par quelque Traducteur ordi-

PREFACE. xix

naire de ce païs-là, je prononce, sans l'avoir vûë, qu'elle est fort mauvaise, & je suis bien sûr, que quand elle paroîtra, je ne serai ni démenti, ni détrompé.

J'ai dit que cet Ouvrage de M. Swift, étoit neuf & original en son genre. Je n'ignore pas cependant que nous en avons déja de cette espece. Sans parler de la *Republique* de Platon, de l'*Histoire véritable* de Lucien, & du *supplément* à cette Histoire, on connoît l'*Utopie* du Chancelier Morus, la *nouvelle Atlantis* du Chancelier Bacon, l'*Histoire des Sevarambès*, les *Voyages de Sadeur*, & de *Jacques Macé*, & enfin le *Voyage dans la Lune* de Cyrano de Bergerac. Mais tous ces Ouvrages sont d'un goût fort different, & ceux qui voudront les comparer à celui-ci, trouveront qu'ils n'ont rien de commun avec lui, que l'idée d'un voïage imaginaire, & d'un pays supposé.

Certains esprits serieux & d'une solidité pesante, ennemis de toute Fiction, ou qui daignent tout au plus tolérer les Fictions ordinaires, seront peut-être rebutés par la hardiesse, & la nouveauté des suppositions qu'ils verront ici. Des Pigmées de six pouces, des Géans hauts de cent cinquante piés, une Isle aërienne, dont tous les habitans sont Géométres & Astronomes, une Academie de systêmes & de chimeres, une Isle de Magiciens, des hommes Immortels, enfin des Chevaux qui ont la Raison en partage, dans un païs où les animaux qui ont la figure humaine ne sont point raisonnables; tout cela révoltera ces esprits solides, qui veulent par tout de la verité, & de la realité, ou au moins de la vrai-semblance & de la possibilité.

Mais je leur demande, s'il

y a beaucoup de vrai-semblance & de possibilité dans la supposition des Fées, des Enchanteurs, & des Hippogryphes. Combien cependant n'avons nous pas d'ouvrages estimés, qui ne sont fondés que sur la supposition de ces Etres chimeriques ? L'Arioste & le Tasse sont pleins de ces fictions qui choquent la vrai-semblance. Que dirai-je des fictions les plus ordinaires des Poëtes ? N'y trouve-t'on pas des Centaures, des Syrenes, des Tritons, des Driades, des Naïades, des Muses, un Pegase, des Gorgones, des Faunes,

PREFACE. xxiij
des Satyres, des Fleuves animés, des Genies, enfin des Pigmées & des Geans, comme ici? Voilà le systême poëtique : Si on le condamne, il faut réduire aujourd'hui toutes les fictions aux intrigues ennuïeuses des Romans : il faut regarder avec le dernier mépris les Métamorphoses d'Ovide, & celles qui sont répanduës dans les Poëmes d'Homere & de Virgile ; puisque tout cela n'est fondé que sur des Imaginations qui n'ont aucune vrai-semblance.

Mais le *Pantagruel* de Rabelais doit paroître aussi un

livre insipide & détestable, dans les endroits mêmes que les Connoisseurs admirent. Gargantua n'est-il pas un Géant plus grand encore que ceux de *Brobdingnag*? On le voit monté sur une Jument, qui est capable de porter les deux grosses cloches de Nôtre-Dame de Paris, & d'abattre avec sa queuë la moitié de la Forest d'Orleans. Que cette image doit peu plaire à nos Critiques!

Le voyage dans l'Isle aërienne est-il plus absurde dans sa supposition, que le *Voyage dans la Lune* de Cyrano de Bergerac? Cependant

PREFACE. xxv

dant cette Imagination burlesque a été goûtée de tout le monde. A l'égard du Voyage dans le païs des Chevaux raisonnables, ou des *Houyhnhnms*, j'avouë que c'est la fiction la plus hardie ; mais c'est aussi celle, où l'art & l'esprit brille le plus. Pour moi, en commençant à lire ce Voyage, j'avois de la peine à concevoir, comment l'Auteur pourroit soutenir & orner cette fiction bizarre, & lui donner au moins un air de vrai-semblance fabuleuse. Des Chevaux raisonnables & s'entretenans avec un Voyageur,

PREFACE.

me paroiſſoient une imagination inſoûtenable. Je me ſçûs pourtant bon gré enſuite d'avoir admis l'hypotheſe : l'Homme en effet, pour être bien peint, doit l'être par un autre animal que l'Homme. Au reſte, dans le *ſuplément* de l'hiſtoire de Lucien, on trouve une République d'animaux ; & les Fables d'Eſope, de Phedre, de la Fontaine, & quelques-unes auſſi de M. de la Motte, font parler & raiſonner les Bêtes.

Je crois donc que pour toutes ces raiſons, on ne doit pas

censurer les *Voyages de Gulliver*, précisément parce que les fictions n'en sont pas croïables. Ce sont, il est vrai, des fictions chimeriques, mais qui fournissent de l'exercice à l'imagination, & donnent beau jeu à un Ecrivain, & qui par cet endroit seul doivent-être goûtées, si elles sont conduites avec jugement, si elles amusent, & sur tout, si elles aménent une Morale sensée. Or c'est ce qui me paroît se trouver ici. Cependant comme un Auteur, & un Traducteur ne font qu'un, je n'exige pas qu'on me croie sur ma parole.

Les deux premiers *Voyages* font fondés fur l'idée d'un Principe de Phyfique très-certain ; fçavoir, qu'il n'y a point de grandeur abfoluë, & que toute mefure eft relative. L'Auteur a travaillé fur cette idée, & en a tiré tout ce qu'il a pû, pour réjoüir & inftruire fes Lecteurs, & pour leur faire fentir la vanité des grandeurs humaines. Dans ces deux Voyages, il femble en quelque forte confiderer les hommes avec un Telefcope. D'abord il tourne le verre objectif du côté de l'œil, & les voit par conféquent très-petits: C'eft le Voyage de *Lilliput*. Il retourne ensuite son Telescope, & alors il voit les hommes très-grands : C'est le voyage de *Brobdingnag*. Cela lui fournit des images plaisantes, des allusions, des réfléxions.

A l'égard des autres Voyages, l'Auteur a eu dessein, encore plus que dans les deux premiers, de censurer plusieurs usages de son païs. L'Isle aërienne de *Laputa* paroît être la Cour d'Angleterre, & ne peut avoir de raport à aucune autre Cour. On sent aussi que dans ce troisiéme Voyage, l'Auteur en veut à certaines maximes des Voyageurs Hollandois, qui commercent au Japon; maximes qui ne sont que trop réellement pratiquées, & qu'il est a présumer que la République n'autorise point.

Dans tous ces Voyages, & sur tout, dans celui au Pays des *Houyhnhnms*, l'Auteur attaque l'Homme en général, & fait sentir le ridicule & la misere de l'esprit humain. Il nous ouvre les yeux sur des vices énormes, que nous sommes accoûtumés à regarder tout au plus comme de legers défauts, & il nous fait sentir le prix d'une Raison épurée, & plus parfaite que la nôtre.

Toutes ces idées grandes & sérieuses, sont pourtant traittées ici d'une maniere comique & burlesque. Ce ne sont point des Contes de Fées, qui ne renferment d'ordinaire aucune conséquence pour la Morale, & qui en ce cas, ne sont bons que pour amuser les enfans: encore devroit-on les leur interdire, de peur d'accoutumer leur esprit aux choses frivoles. En général toute fiction est insipide, lorsque l'utile n'en résulte point. Mais c'est, je crois, ce qu'on ne dira pas des fictions dont il s'agit ici : les gens d'esprit y trouveront du sel; & le commun des Lecteurs, de l'amusement.

Je ne suis donc point surpris d'apprendre qu'en trois semaines, dix mille exemplaires de l'original Anglois des *Voyages de Gulliver*, ont été débités à Londres & répandus en Angleterre & ailleurs. Comme tout ce que ce Livre contient à un raport direct & immédiat aux usages des trois Royaumes, & aux mœurs de leurs habitans, & ne regarde nos Coûtumes & nos mœurs, qu'autant qu'il s'y agit de l'Homme en général, je suis bien éloigné

PREFACE. xxxiij
de penser que ma Traduction puisse avoir en ce païs-ci un aussi prodigieux succès. Je puis néanmoins dire, sans trop me flâter, qu'elle a un certain mérite que l'original n'a point : j'en ai dit les raisons ci-dessus.

Je prie le Lecteur de me pardonner, s'il m'est échapé quelques Anglicismes. Quoi que j'aïe eu soin de les éviter, je crains qu'on n'en découvre ici, & qu'on n'ait de la peine à y reconnoître ce stile, dont je fais peu de cas, & qu'on veut quelquefois trouver malgré moi dans des Ouvrages qui ne m'apartiennent point. Je ne defavoüerai jamais ceux que j'ai écrits & publiés, de quelque nature qu'ils foient, parce que je n'écris rien dont je doive me défendre ; & quoique celui-ci ne foit pas fort conforme au genre de mes études, à mon génie & au peu de talent que la nature m'a donné pour autre chofe, je ne rougirai cependant point d'un travail, dont j'ai expliqué les motifs ; & je m'en cacherai d'autant moins que c'eft une Traduction : ouvrage ingrat, qui ne flâte point la vanité, & qui n'en peut jamais infpirer qu'à un efprit extrêmement

PREFACE. xxxv
foible & superficiel.

Mais ce que je desavoüe d'avance, ce sont les applications malignes & injustes, qu'on voudroit peut-être faire de quelques endroits de cet Ouvrage. Le Monde est aujourd'hui plein de faiseurs d'allusions, d'hommes subtils & chimeriques, qui pleins d'intentions mauvaises, en prêtent le plus qu'ils peuvent aux autres, & se livrent avec plaisir aux interpretations les plus odieuses & les plus forcées. Si on condamne tout ce qui peut occasionner des allusions éloignées & de fantaisie, il faut condamner non seulement la plûpart des Livres d'imagination, mais presque toutes les Histoires, où l'on trouve nécessairement des portraits qui ressemblent un peu à des personnages modernes, & des faits qui se rapportent à ce qui se passe sous nos yeux.

Il est clair que ce Livre n'a point été écrit pour la France, mais pour l'Angleterre, & que ce qu'il renferme de satyre particuliere & directe ne nous touche point. Après cela, je proteste que si j'eusse trouvé dans mon Auteur des traits piquans,

PREFACE. xxxvij

dont l'allusion m'eut paru marquée & naturelle, & dont j'eusse senti le raport injurieux à quelque personne de ce païs-ci, je les aurois supprimés sans balancer, comme j'ai retranché tout ce qui m'a paru grossier & indécent.

Ce qui m'a fait plaisir dans l'Original, c'est que je n'y ai rien aperçû qui pût blesser la vraye Religion. Ce que l'Auteur dit des *Gros-boutiens*, des *Hauts-talons*, & des *Bas-talons* dans l'Empire de *Lilliput*, regarde évidemment ces malheureuses disputes, qui divisent l'Angleterre en Conformistes & en non-Conformistes, en *Torys* & en *Wigts*. Spectacle ridicule aux yeux d'un Philosophe profane, mais qui excite la compassion d'un Philosophe Chrétien, attaché à la vraye Religion & à l'Unité, qui ne se trouve que dans l'Eglise Romaine. Je n'insiste point sur cette réfléxion qui est trop serieuse pour la Préface d'un Livre tel que celui-ci.

Je crois, au reste, qu'on ne sera point blessé de certains détails de Marine, ni de quelques petites circonstances indifferentes, que

PREFACE. xxxix

l'Auteur raporte, & que j'ai laiſſé es dans ma Traduction. Il paroît qu'il a affecté en cela de contrefaire les Voyageurs, & qu'il a prétendu ſe mocquer de leur ſcrupuleuſe exactitude, & des minucies dont ils chargent leurs Relations.

La maniere, dont *Gulliver* termine le recit de deux de ſes voyages, eſt une peinture naturelle des effets de l'habitude. Au ſortir du Royaume de *Brobdingnag*, tous les hommes lui ſemblent des Pigmées; & après avoir quitté le païs des *Houyhnhnms*, où il a entendu dire tant de mal de la Nature humaine, il ne la peut plus supporter, lorsqu'il retourne parmi les hommes. Mais il fait bien sentir ensuite, que toutes les impressions s'effacent avec le tems.

Quoique j'aye fait mon possible pour ajuster l'Ouvrage de M. Swift au goût de la France, je ne prétens pas cependant en avoir fait tout-à-fait un Ouvrage François. Un Etranger est toûjours Etranger : quelque esprit & quelque politesse qu'il ait, il conserve toûjours un peu de son accent & de ses manieres.

Si

PREFACE. xlj

Si cette Préface paroît longue, le Public doit pardonner cette prolixité à un Ecrivain, qui va faire le personnage de Traducteur, & ne dire presque rien de lui-même, dans deux volumes.

****

TABLE DES CHAPITRES
DU PREMIER TOME.

I. PARTIE.

CHAP. I. *L'Auteur rend un compte succint des premiers motifs qui le porterent à voyager. Il fait naufrage, & se sauve à la nage dans le Pays de Lilliput. On l'enchaîne, & on le conduit en cet état plus avant dans les terres.* pag. 1

CHAP. II. *L'Empereur de Lilliput, accompagné de plusieurs de ses Courtisans, vient pour voir l'Auteur dans sa prison. Description de la personne & de l'habit de Sa Ma-*

TABLE DES CHAPITRES.

jesté. Gens sçavans nommés pour apprendre la Langue à l'Auteur. Il obtient des graces par sa douceur: ses poches sont visitées. 21

CHAP. III. L'Auteur divertit l'Empereur & les Grands, de l'un & de l'autre sexe, d'une maniere fort extraordinaire. Description des divertissemens de la Cour de Lilliput. L'Auteur est mis en liberté à certaines conditions. 39

CHAP. IV. Description de Mildendo, Capitale de Lilliput & du Palais de l'Empereur. Conversation entre l'Auteur & un Secretaire d'Etat, touchant les affaire de l'Empire. Les offres que l'Auteur fait de servir l'Empereur dans ses guerres. 50

CHAP. V. L'Auteur, par un stratagéme très-extraordinaire, s'oppose à une descente des Ennemis. L'Empereur lui confere un grand titre d'honneur. Les Ambassadeurs ar-

**** ij

TABLE

rivent de la part de l'Empereur de Blefuscu, pour demander la paix. Le feu prend à l'Appartement de l'Imperatrice: l'Auteur contribuë beaucoup à éteindre l'incendie. 62

CHAP. VI. *Les mœurs des Habitans de Lilliput; leur litterature, leurs Loix, leurs Coûtume, & leur maniere d'élever les Enfans.* 74

CHAP. VII. *L'Auteur ayant reçû avis qu'on lui vouloit faire son procès, pour crime de leze-Majesté, s'enfuit dans le Royaume de Blefuscu.* 92

CHAP. VIII. *L'Auteur par un accident heureux, trouve le moyen de quitter Blefuscu; & après quelques difficultés, retourne dans sa Patrie.* 110

II. PARTIE.

CHAP. I. L'Auteur, après avoir essuyé une grande tempête, se met dans une Chaloupe pour descendre à terre, & est saisi par un des Habitans du Païs. Comment il en est traité. Idée du Païs & du Peuple. 125

Chap. II. Portrait de la fille du Laboureur. L'Auteur est conduit à une Ville, où il y avoit un Marché, & ensuite à la Capitale. Détail de son Voyage. 150

Chap. III. L'Auteur mandé pour se rendre à la Cour, la Reine l'achette, & le presente au Roy. Il dispute avec les sçavans de Sa Majesté. On lui prépare un apartement. Il devient Favori de la Reine. Il soûtient l'honneur de son Pays. Ses querelles avec le Nain de la Reine. 163

Chap. IV. Differentes inventions de l'Auteur pour plaire au Roy & à la Reine. Le Roy s'informe de l'Etat de l'Europe, dont l'Auteur lui donne la relation. Les Observations du Roy, sur cet article. 192

Chap. V. Zele de l'Auteur pour l'hon-

TABLE DES CHAPITRES.

neur de sa Patrie. Il fait une proposition avantageuse au Roy, qui est rejettée. La literature de ce peuple imparfaite & bornée. Leurs loix, leurs affaires militaires, & leur partis dans l'Etat. 211

CHAP. VI. *Le Roy & la Reine font un voyage vers la Frontiere, où l'Auteur les suit. Détail de la maniere dont il sort de ce Pays pour retourner en* Angleterre. 225

Fin de la Table.

VOYAGES
DE GULLIVER.
PREMIERE PARTIE.

VOYAGE A LILLIPUT.
CHAPITRE PREMIER.

L'Auteur rend un compte succint des premiers motifs qui le porterent à voyager. Il fait naufrage, & se sauve à la nage dans le Pays de Lilliput. On l'enchaîne, & on le conduit en cet état plus avant dans les Terres.

MOn pere, dont le bien situé dans la Province de *Nottingham* étoit mediocre, avoit cinq fils ; j'étois le troisiéme, & il m'envoya au

College d'*Emanuel* à *Cambridge*, à l'âge de quatorze ans. J'y demeurai trois années que j'employai utilement : mais la dépense de mon entretien au College étant trop grande, on me mit en apprentissage sous Monsieur *Jacques Bates*, fameux Chirurgien à *Londres*, chez qui je demeurai quatre ans. Mon pere m'envoyant de tems en tems quelques petites sommes d'argent, je les employois à apprendre le Pilotage, & les autres parties des Mathematiques les plus necessaires à ceux qui forment le dessein de voyager sur Mer, ce que je prévoyois être ma destinée. Ayant quitté M. *Bates*, je retournai chez mon pere ; & tant de lui que de mon oncle *Jean*, & de quelques autres parens, je tirai la somme de quarante livres sterlings, avec la promesse de trente autres livres sterlings par an, pour me soûtenir à *Leyde*. Je m'y rendis & m'y appliquai à l'étude de la Medecine, pendant deux ans & sept mois ; persuadé qu'elle me seroit un jour très-utile dans mes Voyages.

A LILLIPUT.

Bien-tôt après mon retour de *Leyde*, j'eus, à la recommandation de mon bon maître M. *Bates*, l'emploi de Chirurgien sur l'*Hirondelle*, où je restai trois ans & demi sous le Capitaine *Abraham Panell* Commandant : je fis pendant ce tems-là des voyages au Levant & ailleurs. A mon retour je résolus de m'établir à *Londres* ; M. *Bates* m'encouragea à prendre ce parti, & me recommanda à ses malades ; je loüai un appartement dans un petit Hôtel, situé dans le quartier appellé *Old Jewry* ; & bien-tôt après j'épousai Mademoiselle *Marie Burton*, seconde fille de M. *Edoüard Burton*, Marchand dans la ruë de *Newgate*, laquelle m'apporta quatre cens livres sterlings en mariage.

Mais mon cher maître M. *Bates*, étant mort deux ans après, & n'ayant plus de Protecteur, ma pratique commença à diminuer : ma conscience ne me permettoit pas d'imiter la conduite de la plûpart des Chirurgiens, dont la science est trop semblable à celle des Procureurs.

C'est pourquoi, après avoir consulté ma femme, & quelques autres de mes intimes amis, je pris la résolution de faire encore un voyage de Mer. Je fus Chirurgien successivement dans deux Vaisseaux, & plusieurs autres Voyages que je fis, pendant six ans, aux *Indes Orientales & Occidentales* augmenterent un peu ma petite fortune. J'employois mon loisir à lire les meilleurs Auteurs anciens & modernes, étant toûjours fourni d'un certain nombre de Livres; & quand je me trouvois à terre, je ne négligeois pas de remarquer les mœurs & les coûtumes des Peuples, & d'apprendre en même-tems la Langue du Païs, ce qui me coûtoit peu, ayant la mémoire très-bonne.

Le dernier de ces Voyages n'ayant pas été heureux, je me trouvai dégoûté de la mer, & je pris le parti de rester chez moi, avec ma femme & mes enfans. Je changeai de demeure, & me transportai de l'*Old-Jewry* à la ruë de *Fetterlane*, & de-là à *Napping*, dans l'esperance d'avoir de la pratique parmi les Matelots;

mais je n'y trouvai pas mon compte.

Après avoir attendu trois ans, & esperé en vain que mes affaires iroient mieux, j'acceptai un parti avantageux qui me fut proposé par le Capitaine *Guillaume Prichard*, prêt à monter l'*Antelope*, & à partir pour la Mer du Sud. Nous nous embarquâmes à *Bristol*, le 4. de May 1699. & nôtre Voyage fût d'abord très-heureux.

Il est inutile d'ennuyer le Lecteur par le détail de nos avantures dans ces Mers : c'est assez de lui faire sçavoir que dans nôtre passage aux *Indes Orientales*, nous essuyâmes une tempête dont la violence nous poussa vers le *Nord-Oüest* de la Terre de *Van-Diemen*. Par une observation que je fis, je trouvai que nous étions à trente degrez deux minutes de latitude meridionale. Douze de nôtre Equipage étoiënt morts par le travail excessif & par la mauvaise nourriture. Le cinquiéme de Novembre, qui étoit le commencement de l'Eté dans ces Païs-là, le tems étant un peu noir, les Mariniers apperçûrent un roc qui n'étoit éloigné du Vaisseau que de la longueur d'un cable; mais le vent étoit si fort, que nous fûmes poussez directement contre l'écüeil, & que nous échoüâmes dans un moment. Six de l'Equipage dont j'étois un, s'étant jettez à propos dans la chaloupe, trouverent le moyen de se débarasser du Vaisseau & du roc. Nous allâmes à la rame environ trois lieües; mais à la fin la lassitude ne nous permit plus de ramer. Entierement épuisez, nous nous abandonnâmes au gré des flots, & bientôt nous fûmes renversez par un coup de vent du Nord.

Je ne sçai quel fut le sort de mes camarades de la chaloupe, ni de ceux qui se sauverent sur le roc, ou qui resterent dans le Vaisseau; mais je crois qu'ils perirent tous: pour moi, je nageai à l'avanture, & fus poussé vers la terre par le vent & la marée: je laissai souvent tomber mes jambes, mais sans toucher le fonds. Enfin étant prêt de m'abandonner, je trouvai pié dans l'eau ; & alors la tempête étoit bien diminuée. Comme la pente étoit presque insensible, je marchai une demi lieuë dans la mer avant que j'eusse pris terre. Je fis environ un quart de lieuë sans découvrir aucunes maisons ni aucuns vestiges d'habitans, quoique ce païs fut très-peuplé. La fatigue, la chaleur, & une demi pinte d'eau-de-vie que j'avois bûë en abandonnant le Vaisseau ; tout cela m'excita à dormir. Je me couchai sur l'herbe, qui étoit très-fine, où je fus bien-tôt enseveli dans un profond sommeil qui dura neuf heures. Au bout de ce tems-là m'étant éveillé, j'essayai de me lever ; mais ce fut en vain. Je m'étois couché sur le dos : je trouvai mes bras & mes jambes attachez à la terre, de l'un & de l'autre côté, & mes cheveux attachez de la même maniere : je trouvai même plusieurs ligatures très-minces, qui entouroient mon corps depuis mes aisselles jusqu'à mes cuisses. Je ne pouvois que regarder en haut ; le Soleil commençoit à être fort chaud, & sa grande clarté blessoit mes yeux. J'entendis un bruit confus autour de moi, mais dans la posture où j'étois, je ne pouvois rien voir que le Soleil. Bien-tôt je sentis remuer quelque chose sur ma jambe gauche, & cette chose avançant doucement sur ma poitrine, monter presque jusqu'à mon menton. Quel fut mon étonnement, lorsque j'apperçûs une petite figure de créature humaine, haute tout au plus de six pouces, un arc & une flêche à la main, avec un carquois sur le dos! J'en vis en même tems au moins quarante autres de la même espece. Je me mis soudain à jetter des cris si horribles, que tous ces petits animaux se retirerent transis de peur; & il y en eut même quelques-uns, comme je l'ai appris ensuite, qui furent dangereusement blessez par les chûtes précipitées qu'ils firent en sautant de dessus mon corps à terre. Néanmoins ils revinrent bien-tôt, & un d'eux qui eut la hardiesse de s'avancer si près, qu'il fut en état de voir entierement mon visage, levant les mains & les yeux par une espece d'admiration, s'écria d'une voix aigre, mais distincte : *Hekinah Degul.* Les autres repeterent plusieurs fois les mêmes mots, mais alors je n'en compris pas le sens. J'étois pendant ce tems-là étonné, inquiet, troublé, & tel que seroit le Lecteur en pareille situation : enfin faisant des éforts pour me mettre en liberté, j'eus le bonheur de rompre les cordons ou fils, & d'arracher les chevilles qui attachoient mon bras droit à la terre; car en le haussant un peu, j'avois découvert ce qui me tenoit attaché & captif. En même tems, par une secousse violente qui me causa une douleur extrême, je lâchai un peu les cordons qui attachoient mes cheveux du côté droit, (cordons plus fins que mes cheveux même) en sorte que je me trouvai en état de procurer à ma tête un petit mouvement libre. Alors les Insectes humains se mirent en fuite, & pousserent des cris très-aigus. Ce bruit cessant, j'entendis un d'eux s'écrier, *Tolgo Phonac*, & auſſi-tôt je me ſentis percé à la main gauche de plus de cent flèches, qui me piquoient comme autant d'aiguilles. Ils firent enſuite une autre décharge en l'air, comme nous tirons des bombes en Europe, dont pluſieurs, je crois, tomboient paraboliquement ſur mon corps, quoi que je ne les apperçûſſe pas, & d'autres ſur mon viſage, que je tâchai de couvrir avec ma main droite. Quand cette grêle de flèches fut paſſée, je m'efforçai encore de me détacher, mais on fit alors une autre décharge plus grande que la premiere, & quelques-uns tâchoient de me percer de leurs lances; mais par bonheur je portois une veſte impénétrable de peau de Buffle. Je crus donc que le meilleur parti étoit de me tenir en repos, & de reſter comme j'étois juſqu'à la nuit; qu'alors dégageant mon bras gauche, je pourrois me mettre tout-à-fait en liberté: & à l'égard des Habitans, c'étoit avec raiſon que je me croïois d'une force égale aux plus puiſſantes armées qu'ils pourroient mettre ſur pié pour m'attaquer, s'ils étoient tous de la même taille que ceux que j'avois vûs juſques-là. Mais la Fortune me réſervoit un autre ſort.

Quand ces gens eurent remarqué que j'étois tranquille, ils ceſſerent de me décocher des fléches ; mais par le bruit que j'entendis, je connus que leur nombre s'augmentoit conſiderablement ; & environ à deux toiſes loin de moi, vis-à-vis de mon oreille gauche, j'entendis un bruit pendant plus d'une heure, comme de gens qui travailloient. Enfin tournant un peu ma tête de ce côté-là, autant que les chevilles & les cordons me le permettoient, je vis un échaffaut élevé de terre d'un pied & demi, où quatre de ces petits hommes pouvoient ſe placer, & une échelle pour y monter ; d'où un d'entr'eux, qui me ſembloit être une perſonne de condition, me fit une harangue aſſez longue, dont je ne compris pas un mot. Avant que de commencer, il s'écria trois fois : *Langro Dehul ſan.* Ces mots furent repetez enfuite, & expliquez par des fignes pour me les faire entendre. Auffi-tôt cinquante hommes s'avancerent, & couperent les cordons qui attachoient le côté gauche de ma tête, ce qui me donna la liberté de la tourner à droit, & d'obferver la mine & l'action de celui qui devoit parler. Il me parût être de moyen âge, & d'une taille plus grande que les trois autres qui l'accompagnoient, dont l'un qui avoit l'air d'un Page, tenoit la queuë de fa robe, & les deux autres étoient debout de chaque côté pour le foûtenir. Il me fembla bon orateur, & je conjecturai que felon les régles de l'art, il mêloit dans fon difcours des periodes pleines de menaces & de promeffes. Je fis la réponfe en peu de mots, c'eft-à-dire, par un petit nombre de fignes, mais d'une maniere pleine de foûmiffion, levant ma main gauche & les deux yeux au Soleil, comme pour le prendre à témoin que je mourois de faim, n'ayant rien mangé depuis long-tems. Mon appetit étoit en éfet si preffant, que je ne pûs m'empêcher de faire voir mon impatience (peut-être contre les régles de *l'honnêteté*,) en portant mon doigt très-souvent à ma bouche, pour faire connoître que j'avois besoin de nourriture. L'*Hurgo*, (c'est ainsi que parmi eux on appelle un grand Seigneur, comme je l'ai ensuite appris) m'entendit fort bien. Il descendit de l'échafaut, & ordonna que plusieurs échelles fussent appliquées à mes côtez, sur lesquelles monterent bien-tôt plus de cent hommes, qui se mirent en marche vers ma bouche, chargez de paniers pleins de viandes. J'observai qu'il y avoit de la chair de differens animaux, mais je ne les pûs distinguer par le goût. Il y avoit des épaules & des éclanches en forme de celles de mouton, & fort bien accommodées, mais plus petites que les aîles d'une aloüette ; j'en avalois deux ou trois d'une bouchée avec six pains. Ils me fournirent tout cela, témoignans de grandes marques d'étonnement & d'admiration, à cause de ma taille & de mon prodigieux appetit. Ayant fait un autre signe pour leur faire sçavoir qu'il me manquoit à boire ; ils conjecturerent par la façon dont je mangeois, qu'une petite quantité de boisson ne me sufiroit pas, & étant un peuple d'esprit, ils leverent avec beaucoup d'adresse un des plus grands tonneaux de vin qu'ils eussent, le roulerent vers ma main, & le défoncerent. Je le bus d'un seul coup avec un grand plaisir : on m'apporta un autre muid, que je bus de même, & fis plusieurs signes pour avertir de me voiturer encore quelques autres muids.

Après m'avoir vû faire toutes ces merveilles, ils pousserent des cris de joye, & se mirent à danser, répetant plusieurs fois, comme ils avoient fait d'abord, *Hekinah Degul*. Bientôt après, j'entendis une acclamation universelle, avec de fréquentes repetitions de ces mots, *Peplom Selan*, & j'apperçûs un grand nombre de peuple sur mon côté gauche, relâchant les cordons à un tel point, que je me trouvai en état de me tourner, & d'avoir le soulagement de faire de l'eau ; fonction dont je m'acquittai au grand étonnement du peuple, lequel devinant ce que j'allois faire, s'ouvrit impetueusement à droite & à gauche pour éviter le déluge. Quelque tems auparavant, on m'avoit frotté charitablement le visage & les mains d'un espece d'onguent d'une odeur agréable, qui dans très-peu de tems me guerit de la piqueure des fléches. Ces circonstances, jointes aux rafraîchissemens que j'avois reçûs, me disposerent à dormir, & mon sommeil fut environ de huit heures, sans me réveiller ; les Medecins, par ordre de l'Empereur, ayant frelatté le vin, & y ayant mêlé des drogues soporifiques.

Tandis que je dormois, l'Empereur de *Lilliput*, (c'étoit le nom de ce païs) ordonna de me faire conduire vers lui. Cette résolution semblera peut-être hardie & dangereuse, & je suis sûr qu'en pareil cas, elle ne seroit du goût d'aucun Souverain de l'Europe : cependant, à mon avis, c'étoit un dessein également prudent & généreux ; car en cas que ces peuples eussent tenté de me tuer avec leurs lances & leurs fléches, pendant que je dormois, je me serois certainement éveillé au premier sentiment de douleur ; ce qui auroit excité ma fureur & augmenté mes forces à un tel degré, que je me serois trouvé en état de rompre le reste des cordons ; & après cela, comme ils n'étoient pas capable de me resister, je les aurois tous écrasez & foudroïez.

On fit donc travailler à la hâte cinq mille Charpentiers & Ingenieurs, pour construire une voiture. C'étoit un chariot élevé de trois pouces, ayant sept pieds de longueur & quatre de largeur, avec vingt-deux roües. Quand il fut achevé, on le conduisit au lieu où j'étois ; mais la principale difficulté fut de m'élever, & de me mettre sus cette voiture. Dans cette vûë, quatre-vingt perches, chacune de deux pieds de hauteur, furent employées, & des cordes très-fortes de la grosseur

seur d'une ficelle, furent attachées, par le moyen de plusieurs crochets, aux bandages que les Ouvriers avoient ceints autour de mon coû, de mes mains, de mes jambes, & de tout mon corps. Neuf cens hommes des plus robustes furent employez à élever ces cordes par le moyen d'un grand nombre de poulies attachées aux perches ; & de cette façon, dans moins de trois heures de tems, je fus élevé, placé, & attaché dans la machine. Je sçai tout cela par le rapport qu'on m'en a fait depuis; car pendant cette manœuvre, je dormois très-profondement. Quinze cens chevaux les plus grands de l'Ecurie de l'Empereur, chacun d'environ quatre pouces & demi de haut, furent attelez au Chariot, & me traînerent vers la Capitale, éloignée d'un quart de lieuë.

Il y avoit quatre heures que nous étions en chemin, lorsque je fus subitement éveillé par un accident assez ridicule. Les Voituriers s'étant arrêtez un peu de tems pour raccommoder quelque chose, deux ou trois Habitans du Païs, avoient eu la curiosité de regarder ma mine, pendant que je dormois, & s'avançant très-doucement jusqu'à mon visage, l'un d'entr'eux, Capitaine aux Gardes, avoit mis la pointe aiguë de son sponton bien avant dans ma narine gauche ; ce qui me chatoüilla le nez, m'éveilla & me fit éternuer trois fois. Nous fîmes une grande marche le reste de ce jour-là, & nous campâmes la nuit avec cinq cens Gardes, une moitié avec des flambeaux, & l'autre avec des arcs & des fléches, prêts à tirer, si j'eusse essaïé de me remuer. Le lendemain au lever du Soleil, nous continuâmes nôtre voyage, & nous arrivâmes à cent toises des portes de la Ville, sur le midi. L'Empereur & toute sa Cour sortirent pour nous voir ; mais les grands Officiers ne voulurent jamais consentir que Sa Majesté hazardât sa personne en montant sur mon corps, comme plusieurs autres avoient osé faire.

3. A l'endroit où la Voiture s'arrê-

ta, il y avoit un Temple ancien, estimé le plus grand de tout le Royaume; lequel ayant été souillé quelques années auparavant par un meurtre, étoit, selon la prévention de ces peuples, regardé comme profane, & pour cette raison employé à divers usages. Il fût résolu que je serois logé dans ce vaste édifice. La grande porte, regardant le Nord, étoit environ de quatre pieds de haut, & presque de deux pieds de large. De chaque côté de la porte, il y avoit une petite fenêtre élevée de six pouces. A celle qui étoit du côté gauche, les Serruriers du Roy attacherent quatre-vingt onze chaînes, semblables à celles qui sont attachées à la montre d'une Dame d'Europe, & presque aussi larges: elles furent par l'autre bout attachées à ma jambe gauche, avec trente-six cadenats. Vis-à-vis de ce Temple, de l'autre côté du grand chemin, à la distance de vingt pieds, il y avoit une Tour au moins de cinq pieds de haut: c'étoit-là que le Roy devoit monter avec plusieurs des principaux Seigneurs de sa Cour, pour avoir la commodité de me regarder à son aise. On compte qu'il y eut plus de cent mille Habitans qui sortirent de la Ville, attirez par la curiosité, & malgré mes Gardes, je crois qu'il n'y auroit pas eu moins de dix mille hommes, qui à differentes fois auroient monté sur mon corps par des échelles, si on n'eût publié un Arrêt du Conseil d'Etat pour le deffendre. On ne peut s'imaginer le bruit & l'étonnement du peuple, quand il me vit debout & me promener: les chaînes qui tenoient mon pied gauche, étoient environ de six pieds de long, & me donnoient la liberté d'aller & de venir dans un demi cercle.

CHAPITRE II.

L'Empereur de Lilliput, accompagné de plusieurs de ses Courtisans, vient pour voir l'Auteur dans sa prison. Description de la personne & de l'habit de Sa M. Gens sçavans nommez pour apprendre la langue à l'Auteur. Il obtient des graces par sa douceur: ses poches sont visitées.

L'Empereur à cheval s'avança un jour vers moi, ce qui pensa lui coûter cher. A ma vûë, son cheval étonné se cabra; mais ce Prince, qui est un Cavalier excellent, se tint ferme sur ses étriers, jusqu'à ce que sa suite accourut & prît la bride. Sa Majesté, après avoir mis pied à terre, me considera de tous côtez avec une grande admiration; mais pourtant se tenant toûjours par précaution hors de la portée de ma chaîne.

L'Imperatrice, les Princes & Princesses du Sang, accompagnez de plusieurs Dames, s'assirent à quelque distance dans des fauteüils. L'Empereur est plus grand qu'aucun de sa Cour, ce qui le fait redouter par ceux qui le regardent. Les traits de son visage sont grands & mâles, avec une lévre d'Autriche, & un nez Aquilin; il a un teint d'olive, un air élevé, & des membres bien proportionnez; de la grace & de la majesté dans toutes ses actions. Il avoit alors passé la fleur de sa jeunesse, étant âgé de vingt-huit ans & trois quarts, dont il en avoit regné environ sept. Pour le regarder avec plus de commodité, je me tenois couché sur le côté, en sorte que mon visage pût être parallele au sien; & il se tenoit à une toise & demie loin de moi. Cependant depuis ce temps-là, je l'ai eu plusieurs fois dans ma main; c'est pourquoi, je ne puis me tromper dans le portrait que j'en fais. Son habit étoit uni & simple, & fait moitié à l'Asiatique, moitié à l'Européenne; mais il avoit sur la tête un leger casque d'or orné de joyaux & d'un plumet magnifique. Il avoit son épée nuë à la main, pour se défendre, en cas que j'eusse brisé mes chaînes : cette épée étoit presque longue de trois pouces, la poignée & le fourreau étoient d'or & enrichis de Diamans. Sa voix étoit aigre, mais claire & distincte, & je la pouvois entendre aisément, même quand je me tenois debout. Les Dames & les Courtisans étoient tous habillez superbement, en sorte que la place qu'occupoit toute la Cour, paroissoit à mes yeux comme une belle jupe étenduë sur la terre, & brodée de figures d'or & d'argent. Sa Majesté Imperiale me fit l'honneur de me parler souvent, & je lui répondis toûjours ; mais nous ne nous entendions ni l'un ni l'autre.

Au bout de deux heures, la Cour se retira, & on me laissa une forte Garde, pour empêcher l'impertinence, & peut-être la malice de la populace, qui avoit beaucoup d'impatience de se rendre en foule autour de moi, pour me voir de près,

Quelques-uns d'entr'eux eurent l'effronterie & la témérité de me tirer des fléches, dont une pensa me crever l'œil gauche : mais le Colonel fit arrêter six des principaux de cette canaille, & ne jugea point de peine mieux proportionnée à leur faute, que de les livrer liez & garottez dans mes mains. Je les pris donc dans ma main droite, & en mis cinq dans la poche de mon juste-au-corps ; & à l'égard du sixiéme, je feignis de le vouloir manger tout vivant. Le pauvre petit homme poussoit des hurlemens horribles, & le Colonel avec ses Officiers étoient fort en peine, sur tout quand ils me virent tirer mon canif. Mais je fis bien-tôt cesser leur frayeur ; car avec un air doux & humain, coupant promptement les cordes dont il étoit garotté, je le mis doucement à terre, & il prit la fuite. Je traitai les autres de la même façon, les tirant successivement l'un après l'autre de ma poche. Je remarquai avec plaisir que les soldats & le peuple avoient été très-touchez de cette

cette action d'humanité, qui fut rapportée à la Cour d'une maniere avantageuse, & qui me fit honneur.

La nouvelle de l'arrivée d'un homme prodigieusement grand s'étant répanduë dans tout le Royaume, attira un nombre infini de gens oisifs & curieux ; en sorte que les Villages furent presque abandonnez, & que la culture de la terre en auroit souffert, si Sa Majesté Imperiale n'y avoit pourvû par differens Edits & Ordonnances. Elle ordonna donc que tous ceux qui m'avoient déja vû, retourneroient incessamment chez eux, & n'approcheroient point, sans une permission particuliere, du lieu de mon séjour. Par cet ordre les Commis des Secretaires d'Etat, gagnerent des sommes très-considerables.

Cependant l'Empereur tint plusieurs Conseils, pour déliberer sur le parti qu'il falloit prendre à mon égard ; j'ai sçû depuis que la Cour avoit été fort embarrassée. On craignoit que je ne vinsse à briser mes chaînes, & à me mettre en liberté. On disoit que ma nourriture causant une dépense excessive, étoit capable de produire une disette de vivres. On opinoit quelquesfois à me faire mourir de faim, ou à me percer de fléches empoisonnées : mais on fit réflexion que l'infection d'un corps tel que le mien, pourroit produire la peste dans la Capitale, & dans tout le Royaume. Pendant qu'on déliberoit, plusieurs Officiers de l'Armée se rendirent à la porte de la grande Chambre, où le Conseil Imperial étoit assemblé ; & deux d'entr'eux ayant été introduits, rendirent compte de ma conduite à l'égard des six criminels dont j'ai parlé, ce qui fit une impression si favorable sur l'esprit de Sa Majesté & de tout son Conseil, qu'une Commission Imperiale fût aussi-tôt expediée, pour obliger tous les Villages à quatre cens cinquante toises aux environs de la Ville, de livrer tous les matins six bœufs, quarante moutons, & d'autres vivres pour ma nourriture, avec une quantité proportionnée de pain & de vin, &

d'autres boissons. Pour le païement de ces vivres, Sa Majesté donna des assignations sur son trésor. Ce Prince n'a d'autres revenus que ceux de son Domaine, & ce n'est que dans des occasions importantes qu'il léve des impôts sur ses Sujets, qui sont obligez de le suivre à la guerre à leurs propres dépens. On nomma six cens personnes pour me servir, qui furent pourvûs d'apointemens pour leur dépense de bouche, & de tentes construites très-commodément, de chaque côté de ma porte. Il fut aussi ordonné que trois cens Tailleurs me feroient un habit à la mode du Païs, que six hommes de Lettres des plus sçavans de l'Empire, seroient chargez de m'apprendre la Langue; & enfin que les chevaux de l'Empereur, & ceux de la Noblesse, & les Compagnies des Gardes, feroient souvent l'exercice devant moi, pour les accoûtumer à ma figure. Tous ces ordres furent ponctuellement executez. Je fis de grands progrès dans la connoissance de la Langue de *Lilliput* ; pendant ce temps-là l'Empereur m'honora de visites fréquentes, & même voulut bien aider mes Maîtres de Langue à m'instruire.

Les premiers mots que j'appris, furent pour lui faire sçavoir l'envie que j'avois qu'il voulut bien me rendre ma liberté, ce que je lui répetois tous les jours à genoux. Sa réponse fut qu'il falloit attendre encore un peu de temps, que c'étoit une affaire sur laquelle il ne pouvoit se déterminer, sans l'avis de son Conseil; & que premierement il falloit que je promisse par serment l'observation d'une paix inviolable avec lui & avec ses Sujets; qu'en attendant je serois traité avec toute l'honnêteté possible. Il me conseilla de gagner par ma patience, & par ma bonne conduite son estime & celle de ses peuples. Il m'avertit de ne lui sçavoir point mauvais gré, s'il donnoit ordre à certains Officiers de me visiter; parce que vraisemblablement je pourrois porter sur moi, plusieurs armes dangereuses & préjudiciables à la sûreté de ses états. Je répondis que j'étois prêt à me dépoüiller de mon habit, & à vuider toutes mes poches en sa presence. Il me répartit que par les Loix de l'Empire, il falloit que je fusse visité par deux Commissaires; qu'il sçavoit bien que cela ne pouvoit se faire sans mon contentement, mais qu'il avoit si bonne opinion de ma générosité & de ma droiture, qu'il confieroit sans crainte leurs personnes entre mes mains : que tout ce qu'on m'ôteroit, me seroit rendu fidellement, quand je quitterois le pays, ou que je serois remboursé selon l'évaluation que j'en ferois moy-même.

Lorsque les deux Commissaires vinrent pour me foüiller, je pris ces Messieurs dans mes mains. Je les mis d'abord dans les poches de mon juste-au-corps, & ensuite dans toutes mes autres poches.

Ces Officiers du Prince ayant des plumes, de l'encre & du papier sur eux, firent un inventaire très-exact de tout ce qu'ils virent ; & quand ils eurent achevé, ils me priérent de les mettre à terre, afin qu'ils pûssent rendre compte de leur visite à l'Empereur.

Cet inventaire étoit conçû dans les termes suivans.

» Premierement, dans la poche
» droite du juste-au-corps du *grand*
» *homme Montagne*, (c'est ainsi que
» je rends ces mots *Quinbus Flestrin*)
» après une visite exacte, nous n'a-
» vons trouvé qu'un morceau de
» toile grossiere assez grande pour
» servir de tapis de pied dans la
» principale chambre de parade de
» Vôtre Majesté. Dans la poche
» gauche, nous avons trouvé un
» grand coffre d'argent avec un cou-
» vercle de même métail, que nous
» Commissaires, n'avons pû lever.
» Nous avons prié ledit *homme Mon-*
» *tagne* de l'ouvrir, & l'un de nous
» étant entré dedans, a eu de la pous-
» siere jusqu'aux genoux, dont il a
» éternué pendant deux heures, &
» l'autre pendant sept minutes. Dans
» la poche droite de sa veste, nous
» avons trouvé un paquet prodi-
» gieux de substances blanches &

» minces, pliées l'une sur l'autre,
» environ de la grosseur de trois
» hommes, attachées d'un cable
» bien fort, & marquées de grandes
» figures noires; lesquelles il nous a
» semblé être des écritures. Dans la
» poche gauche, il y avoit une
» grande machine platte armée de
» grandes dents très-longues, qui
» ressemblent aux palissades qui sont
» devant la Cour de Vôtre Majesté.
» Dans la grande poche du côté
» droit de son *couvre-milieu*, (c'est
» ainsi que je traduits le mot *Ranfu-*
» *lo*, par lequel l'on vouloit enten-
» dre ma culotte,) nous avons vû
» un grand pilier de fer, creux, at-
» taché à une grosse piece de bois,
» plus large que le pilier; & d'un
» côté du pilier, il y avoit d'autres
» pieces de fer en relief, serrant un
» caillou coupé en talus; nous n'a-
» vons sçû ce que c'étoit: Et dans
» la poche gauche, il y avoit enco-
» re une machine de la même espece.
» Dans la plus petite poche du côté
» droit, il y avoit plusieurs pieces
» rondes & plattes, de métail rouge

» & blanc, & d'une grosseur diffe-
» rente : quelques-unes des pieces
» blanches, qui nous ont parû être
» d'argent, étoient si larges & si pe-
» santes, que mon Confrere & moi
» avons eu de la peine à les lever.
» *Item*, deux sabres de poche dont la
» lame s'emboitoit dans une renure
» du manche, & qui avoient le fil
» fort trenchant : ils étoient placez
» dans une grande boëte ou étui.
» Il restoit deux poches à visiter ;
» celles-ci, il les appelloit gouffets.
» C'étoit deux ouvertures coupées
» dans le haut de son *cœuvre-milieu*,
» mais fort ferrées par son ventre
» qui les pressoit. Hors du gouf-
» fet droit, pendoit une grande
» chaîne d'argent, avec une machi-
» ne très-merveilleuse au bout.
» Nous lui avons commandé de
» tirer hors du gouffet tout ce qui
» tenoit à cette chaîne ; cela parois-
» soit être un globe, dont la moitié
» étoit d'argent, & l'autre étoit d'un
» métail transparent. Sur le côté
» transparent, nous avons vû cer-
» taines figures étranges, tracées

A LILLIPUT.

» dans un cercle, & nous avons crû
» que nous pourrions les toucher,
» mais nos doigts ont été arrêtez par
» une substance lumineuse. Nous
» avons appliqué cette machine à
» nos oreilles : elle faisoit un bruit
» continuel à peu près comme celui
» d'un moulin à eau ; & nous avons
» conjecturé que c'est ou quelque
» animal inconnu, ou la Divinité
» qu'il adore ; mais nous penchons
» plus du côté de la derniere opi-
» nion, parce qu'il nous a assûrez,
» (si nous l'avons bien entendu ;
» car il s'exprimoit fort imparfai-
» tement) qu'il faisoit rarement au-
» cune chose sans l'avoir consultée ;
» il l'appelloit son oracle, & disoit
» qu'elle désignoit le temps pour
» chaque action de sa vie. Du gous-
» set gauche, il tira un filet presque
» assez large pour servir à un Pê-
» cheur, mais qui s'ouvroit & se fer-
» moit : Nous avons trouvé au de-
» dans plusieurs pieces massives d'un
» métail jaune : si c'est du veritable
» or, il faut qu'elles soient d'une
» valeur inestimable.

» Ainsi ayant par obéïssance aux
» ordres de Vôtre Majesté, foüillé
» exactement toutes ses poches, nous
» avons observé une ceinture autour
» de son corps, faite de la peau de
» quelque animal prodigieux ; à la-
» quelle, du côté gauche, pendoit
» une épée de la longueur de six
» hommes ; & du côté droit une
» bourse ou poche partagée en deux
» cellules ; chacune étant capable
» de contenir trois Sujets de Vôtre
» Majesté. Dans une de ces cellu-
» les, il y avoit plusieurs globes ou
» balles d'un métail très-pesant, en-
» viron de la grosseur de nôtre tête,
» & qui exigeoient une main très-
» forte pour les lever. L'autre cel-
» lule contenoit un amas de certai-
» nes graines noires, mais peu gros-
» ses & assez legeres, car nous en
» pouvions tenir plus de cinquante
» dans la paume de nos mains.
»   Tel est l'Inventaire exact de tout
» ce que nous avons trouvé sur le
» corps de l'*homme Montagne*, qui
» nous a reçûs avec beaucoup
» d'honnêteté, & avec des égards

» conformes à la Commission de
» Vôtre Majesté. Signé & cacheté
» le quatriéme jour de la Lune qua-
» tre-vingt neuviéme du régne très-
» heureux de Vôtre Majesté.

Flessen Frelock, Marsi Frelock.

Quand cet Inventaire eût été lû en presence de l'Empereur, il m'ordonna en des termes honnêtes de lui livrer toutes ces choses en particulier. D'abord il demanda mon sabre, il avoit donné ordre à trois mille hommes de ses meilleures Troupes qui l'accompagnoient, de l'environner à quelque distance avec leurs arcs & leurs fléches ; mais je ne m'en apperçûs pas dans le moment, parce que mes yeux étoient fixés sur Sa Majesté. Il me pria donc de tirer mon sabre, qui, quoiqu'un peu roüillé par l'eau de la Mer, étoit neanmoins assés brillant. Je le fis, & tout aussi-tôt les Troupes jetterent de grands cris, il m'ordonna de le remettre dans le fourreau, & de le jetter à terre aussi doucement que je pourrois, environ à six piés de distance de ma chaîne.

La seconde chose qu'il me demanda, fut un de ces pilliers creux de fer, par lesquels il entendoit mes pistolets de poche : je les lui presentai, & par son ordre je lui en expliquai l'usage comme je pûs; & ne les chargeant que de poudre, j'avertis l'Empereur de n'être point effraïé, & puis je les tirai en l'air. L'étonnement à cette occasion fut plus grand qu'à la vûë de mon sabre; ils tomberent tous à la renverse, comme s'ils eussent été frappés du tonerre, & même l'Empereur, qui étoit très-brave, ne pût revenir à lui-même qu'après quelque temps. Je lui remis mes deux pistolets de la même maniere que mon sabre, avec mes sacs de plomb & de poudre, l'avertissant de ne pas approcher le sac de poudre du feu, s'il ne vouloit voir son Palais Imperial sauter en l'air : ce qui le surprit beaucoup. Je lui remis aussi ma montre, qu'il fut fort curieux de voir; & il commanda à deux de ses Gardes les plus grands de la porter sur leurs épaules, suspenduë à un grand bâton, comme les Chartiers des Brasseurs portent un baril de Bierre en *Angleterre*. Il étoit étonné du bruit continuel qu'elle faisoit, & du mouvement de l'aiguille qui marquoit les minutes : il pouvoit aisément le suivre des yeux, la vûë de ces Peuples étant bien plus perçante que la nôtre. Il demanda sur ce sujet le sentiment de ses Docteurs, qui furent très-partagez, comme le Lecteur peut bien s'imaginer.

Ensuite je livrai mes pieces d'argent & de cuivre, ma bourse avec neuf grosses pieces d'or, & quelques-unes plus petites, mon peigne, ma tabatiere d'argent, mon mouchoir, & mon journal. Mon sabre, mes pistolets de poche, & mes sacs de poudre & de plomb furent transportez à l'Arsenal de Sa Majesté ; mais tout le reste fut laissé chés moi.

J'avois une poche en particulier, qui ne fut point visitée, dans laquelle il y avoit une paire de lunettes, dont je me sers quelquefois à cause de la foiblesse de mes yeux,

38 VOYAGE

un Telescope avec plusieurs autres bagatelles, que je crûs de nulle consequence pour l'Empereur, & que pour cette raison je ne découvris point aux Commissaires, apprehendant qu'elles ne fussent gatées ou perduës, si je venois à m'en défaisir.

CHAPITRE III.

L'Auteur divertit l'Empereur & les Grands de l'un & de l'autre sexe, d'une maniere fort extraordinaire. Description des divertissemens de la Cour de Lilliput. *L'Auteur est mis en liberté, à certaines conditions.*

L'Empereur voulut un jour me donner le divertissement de quelque spectacle, en quoi ces peuples surpassent toutes les Nations que j'ai vûës, soit pour l'adresse, soit pour la magnificence : mais rien ne me divertit davantage, que lorsque je vis des Danseurs de corde voltiger sur un fil blanc bien mince, long de deux pieds onze pouces.

Ceux qui pratiquent cet exercice, sont les personnes qui aspirent aux grands Emplois, & souhaitent de devenir les Favoris de la Cour : ils sont pour cela formez dès leur jeunesse à ce noble exercice, qui convient sur tout aux personnes de haute naissance. Quant une grande Charge est vacante, soit par la mort de celui qui en étoit revêtu, soit par sa disgrace (ce qui arrive très-souvent) cinq ou six prétendans à la Charge, presentent une requête à l'Empereur, pour avoir la permission de divertir Sa Majesté & sa Cour, d'une danse sur la corde; & celui qui saute le plus haut sans tomber, obtient la Charge. Il arrive très-souvent qu'on ordonne aux grands Magistrats & aux principaux Ministres de danser aussi sur la corde pour montrer leur habileté ; & pour faire connoître à l'Empereur qu'ils n'ont pas perdu leur talent. *Flimnap* grand Tresorier de l'Empire, passe pour avoir l'adresse de faire une capriole sur la corde, au moins un pouce plus haut qu'aucun autre Seigneur de l'Empire. Je l'ai vû plusieurs fois faire un saut perilleux (que nous appellons *le Sommerset*) sur une petite planche de bois attachée à la corde, qui n'est pas plus grosse qu'une ficelle ordinaire.

Ces

A LILLIPUT.

Ces divertiſſemens cauſent ſouvent des accidens funeſtes, dont la plûpart ſont enregiſtrez dans les Archives Imperiales. J'ai vû moi-même deux ou trois Prétendans s'eſtropier: mais le peril eſt beaucoup plus grand quand les Miniſtres eux-mêmes reçoivent ordre de ſignaler leur adreſſe; car en faiſant des efforts extraordinaires pour ſe ſurpaſſer eux-mêmes, & pour l'emporter ſur les autres, ils font preſque toûjours des chûtes dangereuſes. On m'aſſûra qu'un an avant mon arrivée, *Flimnap* ſe ſeroit infailliblement caſſé la tête en tombant, ſi un des couſſins du Roy ne l'eût preſervé.

Il y a un autre divertiſſement qui n'eſt que pour l'Empereur, l'Imperatrice, & pour le premier Miniſtre. L'Empereur met ſur une table trois fils de ſoye fort déliés, longs de ſix pouces; l'un eſt cramoiſi, le ſecond jaune, & le troiſiéme blanc. Ces fils ſont propoſés, comme des prix à ceux que l'Empereur veut diſtinguer par une marque ſinguliere de ſa faveur. La cérémonie eſt faite dans la grande Chambre d'Audience de Sa Majesté, où les concurrens sont obligés de donner une preuve de leur habileté, telle que je n'ai rien vû de semblable dans aucun autre païs de l'ancien ou du nouveau monde.

L'Empereur tient un bâton, les deux bouts paralleles à l'horizon, tandis que les Concurrens s'avançant successivement, sautent par-dessus le bâton. Quelquesfois l'Empereur tient un bout, & son premier Ministre tient l'autre; quelquesfois le Ministre le tient tout seul. Celui qui réüssit mieux, & montre plus d'agilité & de souplesse en sautant, est récompensé de la soye cramoisie. La jaune est donnée au second, & la blanche au troisiéme. Ces fils, dont ils font des baudriers, leur servent dans la suite d'ornement, & les distinguant du vulgaire, leur inspirent une noble fierté.

L'Empereur ayant un jour donné ordre à une partie de son Armée, logée dans sa Capitale & aux environs, de se tenir prête, voulut se réjoüir d'une façon très-singuliere.

Il m'ordonna de me tenir debout comme un coloſſe, mes deux pieds auſſi éloignés l'un de l'autre que je les pourrois étendre commodément. Enſuite il commanda à ſon Général, vieux Capitaine fort experimenté, de ranger les Troupes en ordre de bataille, & de les faire paſſer en revûë entre mes deux jambes, l'Infanterie par vingt-quatre de front, & la Cavalerie par ſeize, Tambours batans, Enſeignes déployées, & Piques hautes. Ce corps étoit compoſé de trois mille hommes d'Infanterie, & de mille de Cavalerie. Sa Majeſté preſcrivit, ſous peine de mort, à tous les Soldats, d'obſerver dans la marche la bienſéance la plus exacte à l'égard de ma perſonne : ce qui neanmoins n'empêcha pas quelques-uns des jeunes Officiers, de lever en haut leurs yeux, en paſſant au deſſous de moi. Et pour confeſſer la vérité, ma culotte étoit alors dans un ſi mauvais état, qu'elle leur donna occaſion d'éclater de rire.

J'avois preſenté ou envoïé tant de memoires & de requêtes pour ma liberté, que Sa Majesté à la fin proposa l'affaire, premierement au Conseil des dépêches, & puis au Conseil d'Etat, où il n'y eût d'opposition que de la part du Ministre *Skyresh Bolgolam*, qui jugea à propos, sans aucun sujet, de se déclarer contre moi. Mais tout le reste du Conseil me fut favorable, & l'Empereur appuya leur avis. Ce Ministre, qui étoit *Galbet*, c'est-à-dire, grand Amiral, avoit mérité la confiance de son Maître, par son habileté dans les affaires; mais il étoit d'un esprit aigre & fantasque. Il obtint que les articles, touchant les conditions ausquelles je devois être mis en liberté, seroient dressés par lui-même. Ces articles me furent aportés par *Skyresh Bolgolam* en personne, accompagné de deux sous-Secretaires, & de plusieurs gens de distinction. On me dit d'en promettre l'observation par serment, prêté d'abord à la façon de mon païs, & ensuite à la maniere ordonnée par leurs Loix; qui fut de tenir l'ortueïl de mon pied droit dans ma main gauche, de mettre le doigt du milieu de ma main droite sur le haut de ma tête, & le pouce sur la pointe de mon oreille droite. Mais comme le Lecteur peut être curieux de connoître le stile de cette Cour, & de sçavoir les articles préliminaires de ma délivrance, j'ai fait une traduction de l'acte entier, mot pour mot.

GOLBASTO MOMAREN EULAMÉ GURDILO SHEFIN MULLY ULLY GUÉ, très-puissant Empereur de *Lilliput*, les délices & la terreur de l'Univers, dont les Etats s'étendent cinq mille *Blustrugs*, (c'est-à-dire, environ six lieuës en circuit) aux extrêmités du Globe; Souverain de tous les Souverains, plus haut que les fils des hommes, dont les pieds pressent la terre jusqu'au centre, dont la tête touche le Soleil, dont un clin d'œil fait trembler les genoux des Potentats; aimable comme le Printems, agreable comme l'Eté, abondant comme l'Automne, terrible comme l'Hyver, à tous nos Sujets amez & feaux, Salut. Sa très-haute Majesté propose à l'*Homme*

Montagne les Articles suivans, lesquels pour préliminaire il sera obligé de ratifier par un serment solemnel.

1. L'*Homme Montagne* ne sortira point de nos vastes Etats, sans nôtre permission scellée du grand Sceau.

2. Il ne prendra point la liberté d'entrer dans nôtre Capitale, sans nôtre ordre exprès, afin que les Habitans soient avertis deux heures auparavant de se tenir renfermés chés eux.

3. Ledit *Homme Montagne* bornera ses promenades à nos principaux grands chemins, & se gardera de se promener ou de se coucher dans un Pré ou piece de blé.

4. En se promenant par lesdits chemins, il prendra tout le soin possible de ne fouler aux pieds les corps d'aucuns de nos fideles Sujets, ni de leurs chevaux ou voitures; & il ne prendra aucuns de nosdits Sujets dans ses mains, si ce n'est de leur consentement.

5. S'il est nécessaire qu'un Courrier du Cabinet fasse quelque course

extraordinaire, l'*Homme Montagne* sera obligé de porter dans sa poche ledit Courrier durant six journées, une fois toutes les Lunes, & de remettre ledit Courrier (s'il en est requis) sain & sauf en nôtre présence Imperiale.

6. Il sera nôtre Allié contre nos ennemis de l'Isle de *Blefuscu*, & fera tout son possible pour faire perir la Flotte, qu'ils arment actuellement pour faire une descente sur nos Terres.

7. Ledit *Homme Montagne*, à ses heures de loisir, prêtera son secours à nos Ouvriers, en les aidant à élever certaines grosses pierres, pour achever les murailles de nôtre grand Parc, & de nos Bâtimens Imperiaux.

8. Après avoir fait le serment solemnel d'observer les articles ci-dessus énoncés, ledit *Homme Montagne* aura une provision journaliere de viande & de boisson sufisante à la nourriture de dix-huit cens soixante & quatorze de nos Sujets, avec un accès libre auprès de nôtre personne

Imperiale, & autres marques de nôtre faveur. Donné en nôtre Palais à *Belfaborac*, le douziéme jour de la quatre-vingt-onziéme Lune de nôtre Regne.

Je prêtai le Serment, & signai tous ces articles avec une grande joye, quoique quelques-uns ne fussent pas aussi honorables que je l'eusse souhaité : ce qui fut l'effet de la malice du grand Amiral *Skyresh Bolgolam*. On m'ôta mes chaînes, & je fus mis en liberté. L'Empereur me fit l'honneur de se rendre en personne, & d'être présent à la cérémonie de ma délivrance. Je rendis de très-humbles actions de grace à Sa Majesté, en me prosternant à ses piés ; mais il me commanda de me lever, & cela dans les termes les plus obligeans.

Le Lecteur a pû observer que dans le dernier article de l'Acte de ma délivrance, l'Empereur étoit convenu de me donner une quantité de viande & de boisson qui pût suffire à la subsistance de dix-huit cens soixante & quatorze *Lilliputiens* :

quel-

quelque tems après demandant à un Courtisan, mon ami particulier, pourquoi on s'étoit déterminé à cette quantité; il me répondit que les Mathematiciens de Sa Majesté, ayant pris la hauteur de mon corps par le moyen d'un quart de cercle, & supputé sa grosseur, & le trouvant par raport au leur, comme 1874. est à un, ils avoient inferé de la *similarité* de leur corps, que je devois avoir un appetit 1874. fois plus grand que le leur: d'où le Lecteur peut juger de l'esprit admirable de ce peuple, & de l'œconomie sage, exacte & clairvoyante de leur Empereur,

CHAPITRE IV.

Description de Mildendo, *Capitale de* Lilliput, *& du Palais de l'Empereur. Conversation entre l'Auteur & un Secretaire d'Etat, touchant les affaires de l'Empire. Les offres que l'Auteur fait de servir l'Empereur dans ses guerres.*

LA premiere requête que je presentai, après avoir obtenu ma liberté, fut pour avoir la permission de voir *Mildendo*, Capitale de l'Empire ; ce que l'Empereur m'accorda, mais en me recommandant de ne faire aucun mal aux Habitans, ni aucun tort à leurs maisons. Le peuple en fut averti par une Proclamation, qui annonçoit le dessein que j'avois de visiter la Ville. La muraille qui l'environnoit étoit haute de deux pieds & demi, & large au moins d'onze pouces, en sorte qu'un carosse pouvoit aller dessus, & faire

A LILLIPUT.

le tour de la Ville en sûreté : Elle étoit flanquée de fortes tours à dix pieds de distance l'une de l'autre. Je passai par dessus la porte Occidentale, & je marchai très-lentement & de côté, par les deux principales ruës, n'ayant qu'un pourpoint, de peur d'endommager les toits & les severondes des maisons par les pans de mon juste-au-corps. J'allois avec une extrême circonspection, pour me garder de fouler aux pieds quelques gens qui étoient restez dans les ruës, nonobstant les ordres précis, signifiés à tout le monde de se tenir chés soi, sans sortir aucunement durant ma marche. Les balcons, les fenêtres des 1. 2. 3. & 4. étages, celles des Greniers ou Galetas, & les goutieres même étoient remplies d'une si grande foule de spectateurs, que je jugeai que la Ville devoit être considerablement peuplée. Cette Ville forme un quarré exact, chaque côté de la muraille ayant cinq cens pieds de long. Les deux grandes ruës qui se croisent, & la partagent en quatre quartiers &

gaux, ont cinq pieds de large ; les petites ruës dans lesquelles je ne pûs entrer, ont de largeur, depuis douze jusqu'à dix-huit pouces. La Ville est capable de contenir cinq cens mille ames. Les maisons sont de trois ou de quatre étages ; les Boutiques & les Marchés sont bien fournis. Il y avoit autrefois bon Opera & bonne Comedie ; mais faute d'Auteurs excités par les liberalités du Prince, il n'y a plus rien qui vaille.

Le Palais de l'Empereur situé dans le centre de la Ville, où les deux grandes ruës se rencontrent, est entouré d'une muraille haute de vingt-trois pouces, & à vingt pieds de distance des bâtimens. Sa Majesté m'avoit permis d'enjamber par dessus cette muraille, pour voir son Palais de tous les côtez. La Cour exterieure est un quarré de quarante pieds, & comprend deux autres Cours. C'est dans la plus interieure que sont les Apartemens de Sa Majesté, que j'avois un grand desir de voir ; ce qui étoit pourtant bien difficile; car les plus grandes Portes n'étoient que de dix-huit pouces de haut, & de sept pouces de large. De plus, les Bâtimens de la Cour exterieure étoient au moins hauts de cinq pieds, & il m'étoit impossible d'enjamber par dessus, sans courir risque de briser les ardoises des toits : car pour les murailles, elles étoient solidement bâties de pierres de taille, épaisses de quatre pouces. L'Empereur avoit néanmoins grande envie que je visse la magnificence de son Palais ; mais je ne fus en état de le faire, qu'au bout de trois jours, lors que j'eus coupé avec mon coûteau quelques arbres des plus grands du Parc Imperial, éloigné de la Ville d'environ cinquante toises. De ces arbres, je fis deux tabourets, chacun de trois pieds de haut, & assés forts pour soûtenir le poids de mon corps. Le peuple ayant donc été averti pour la seconde fois, je passai encore au travers de la Ville, & m'avançai vers le Palais, tenant mes deux tabourets à la main. Quand je fus arrivé à un côté de la Cour exterieure, je montai sur un de mes tabourets, & pris l'autre à la main. Je fis passer celui-ci par dessus le toit, & le descendis doucement à terre dans l'espace qui étoit entre la premiere & la seconde Cour, lequel avoit huit pieds de large. Je passai ensuite très-commodément par dessus les Bâtimens, par le moyen des deux tabourets ; & quand je fus en dedans, je tirai avec un crochet le tabouret qui étoit resté en dehors. Par cette invention, j'entrai jusques dans la Cour la plus interieure, où me couchant sur le côté, j'appliquai mon visage à toutes les fenêtres du premier étage qu'on avoit exprès laissé ouvertes ; & je vis les Appartemens les plus magnifiques qu'on puisse imaginer. Je vis l'Imperatrice & les jeunes Princesses dans leurs Chambres, environnées de leur suite. Sa Majesté Imperiale voulut bien m'honorer d'un souris très-gracieux, & me donna par la fenêtre sa main à baiser.

Je ne ferai point ici le détail des curiosités renfermées dans ce Palais;

A LILLIPUT.

je les réserve pour un plus grand ouvrage, qui est presque prêt à être mis sous la presse, contenant une Description generale de cet Empire depuis sa premiere fondation, l'Histoire de ses Empereurs pendant une longue suite de siécles, des observations sur leurs guerres, leur Politique, leurs Loix, les Lettres & la Religion du Païs, les Plantes & animaux qui s'y trouvent, les Mœurs & les Coûtumes des Habitans, avec plusieurs autres matieres prodigieusement curieuses, & excessivement utiles. Mon but n'est à present que de raconter ce qui m'arriva pendant un séjour d'environ neuf mois dans ce merveilleux Empire.

Quinze jours après que j'eus obtenu ma liberté, *Keldresal* Secretaire d'Etat, pour le département des Affaires particulieres, se rendit chés moi, suivi d'un seul domestique. Il ordonna que son carosse l'attendit à quelque distance, & me pria de lui donner un entretien d'une heure. Je lui offris de me coucher, afin qu'il pût être de niveau à mon oreille ;

mais il aima mieux que je le tinsse dans ma main pendant la conversation. Il commença par me faire des complimens sur ma liberté, & me dit qu'il pouvoit se flâter d'y avoir un peu contribué ; puis il ajoûta que sans l'interêt que la Cour y avoit, je ne l'eusse pas si-tôt obtenuë. Car, dit-il, quelque florissant que nôtre Etat paroisse aux Etrangers, nous avons deux grands fleaux à combattre ; une faction puissante au dedans, & au dehors l'invasion dont nous sommes menacés par un ennemi formidable. A l'égard du premier, il faut que vous sçachiés que depuis plus de soixante & dix Lunes, il y a eu deux partis opposés dans cet Empire, sous les noms de *Tramecksan* & *Slamecksan*, termes empruntés des *hauts & bas talons* de leurs souliers, par lesquels ils se distinguent. On prétend, il est vrai, que les *hauts talons* sont les plus conformes à nôtre ancienne constitution ; mais quoi qu'il en soit, Sa Majesté a résolu de ne se servir que des *bas talons* dans l'administration du Gouvernement, & dans toutes les Charges qui sont à la disposition de la Couronne : vous pouvés même remarquer, que les talons de Sa Majesté Imperiale, sont plus bas au moins d'un *Drurr*, que ceux d'aucun de sa Cour. (*Drurr* est environ la quatoziéme partie d'un pouce.)

La haine des deux partis, continua-t'il, est à un tel degré, qu'ils ne mangent ni ne boivent ensemble, & qu'ils ne se parlent point. Nous comptons que les *Trameckſans* ou *hauts talons*, nous surpassent en nombre; mais l'autorité est entre nos mains. Helas! nous appréhendons que Son Altesse Imperiale, l'Heritier apparent de la Couronne, n'aye quelque penchant aux *hauts talons*; au moins, nous pouvons facilement voir qu'un de ses talons est plus haut que l'autre, ce qui le fait un peu clocher dans sa démarche. Or au milieu de ces dissentions intestines, nous sommes menacés d'une invasion de la part de l'Isle de *Bléfuscu*, qui est l'autre grand

Empire de l'Univers, presque aussi grand & aussi puissant que celui-ci. Car pour ce qui est de ce que nous vous avons entendu dire, qu'il y a d'autres Empires, Royaumes & Etats dans le monde, habités par des créatures humaines, aussi grosses & aussi grandes que vous, nos Philosophes en doutent beaucoup, & aiment mieux conjecturer que vous êtes tombé de la Lune ou d'une des Etoiles, parce qu'il est certain qu'une centaine de mortels de vôtre grosseur, consumeroit dans peu de temps tous les fruits & tous les bestiaux des Etats de Sa Majesté. D'ailleurs nos Historiens depuis six mille Lunes, ne font mention d'aucunes autres régions, que des deux grands Empires de *Lilliput* & de *Blefuscu*. Ces deux formidables Puissances ont, comme j'allois vous dire, été engagées pendant trente-six Lunes dans une guerre très-opiniâtre dont voici le sujet. Tout le monde convient que la maniere primitive de casser les œufs, avant que nous les mangions, est de les casser au gros bout ; mais l'Ayeul de Sa Majesté régnante, pendant qu'il étoit enfant, sur le point de manger un œuf, eut le malheur de couper un de ses doigts, sur quoi l'Empereur son pere donna un Arrêt pour ordonner à tous ses Sujets, sous de griéves peines, de casser leurs œufs par le petit bout. Le peuple fut si irrité de cette loy, que nos Historiens racontent qu'il y eut à cette occasion six révoltes, dans lesquelles un Empereur perdit la vie, & un autre la Couronne. Ces dissentions intestines furent toûjours fomentées par les Souverains de *Blefuscu* ; & quand les soûlevemens furent réprimés, les coupables se refugiérent dans cet Empire. On suppute que onze mille hommes ont à differentes fois aimé mieux souffrir la mort, que de se soûmettre à la loy de casser leurs œufs par le petit bout. Plusieurs centaines de gros Volumes ont été écrits & publiés sur cette matiere ; mais les Livres des *Gros-Boutiens* ont été défendus depuis long-temps, & tout leur parti a été déclaré par les Loix incapable de posseder des Charges. Pendant la suite continuelle de ces troubles, les Empereurs de *Blefuscu* ont souvent fait des remontrances par leurs Ambassadeurs, nous accusant de faire un crime, en violant un precepte fondamental de nôtre grand Prophete *Lustrogg*, dans le 54. Chapitre du *Brundecral*; (ce qui est leur Alcoran ;) cependant cela a été jugé n'être qu'une Interpretation du sens du texte, dont voici les mots : *Que tous les Fidéles casseront leurs œufs au bout le plus commode*: on doit à mon avis laisser décider à la conscience de chacun, quel est le bout le plus commode; ou au moins, c'est à l'autorité du Souverain Magistrat d'en décider. Or les *Gros-Boutiens* exilés ont trouvé tant de crédit dans la Cour de l'Empereur de *Blefuscu*, & tant de secours & d'appui dans nôtre païs même, qu'une guerre très-sanglante a regné entre les deux Empires, pendant trente-six Lunes à ce sujet, avec differens succès. Dans cette guerre, nous avons perdu quarante Vaiſſeaux de ligne, & un bien plus grand nombre de petits Vaiſſeaux, avec 30000. de nos meilleurs Matelots & Soldats : l'on compte que la perte de l'Ennemi n'eſt pas moins conſiderable. Quoi qu'il en ſoit, on arme à preſent une Flotte très-redoutable, & on ſe prépare à faire une deſcente ſur nos Côtes. Or Sa Majeſté Imperiale mettant ſa confiance en vôtre valeur, & ayant une haute idée de vos forces, m'a commandé de vous faire ce détail au ſujet de ſes affaires, afin de ſçavoir qu'elles ſont vos diſpoſitions à ſon égard.

Je répondis au Secretaire, que je le priois d'aſſûrer l'Empereur de mes très-humbles reſpects, & de lui faire ſçavoir que j'étois prêt à ſacrifier ma vie pour deffendre ſa perſonne ſacrée & ſon Empire, contre toutes les entrepriſes & invaſions de ſes Ennemis. Il me quitta fort ſatisfait de ma réponſe.

CHAPITRE V.

L'Auteur, par un stratagême très-extraordinaire, s'oppose à une descente des Ennemis. L'Empereur lui confere un grand titre d'honneur. Les Ambassadeurs arrivent de la part de l'Empereur de Blefuscu, pour demander la paix. Le feu prend à l'Appartement de l'Imperatrice; l'Auteur contribuë beaucoup à éteindre l'incendie.

L'Empire de *Blefuscu* est une Isle située au Nord-Nord-Est de *Lilliput*, dont elle n'est séparée que par un canal qui a 400. toises de large. Je ne l'avois pas encore vû, & sur l'avis d'une descente projettée, je me gardois bien de paroître de ce côté-là, de peur d'être découvert par quelques-uns des Vaisseaux de l'Ennemi.

Je fis part à l'Empereur d'un projet que j'avois formé depuis peu, pour me rendre maître de toute la Flotte des Ennemis, qui, selon le raport de ceux que nous envoyïons à la découverte, étoit dans le Port prête à mettre à la voile au premier vent favorable. Je consultai les plus experimentez dans la Marine, pour apprendre d'eux qu'elle étoit la profondeur du Canal; & ils me dirent qu'au milieu, dans la plus haute marée, il étoit profond de 70 *Glumgluffs* (c'est-à-dire, environ de six pieds, selon la mesure de l'Europe;) & le reste de 50. *Glumgluffs* au plus. Je m'en allai secrettement vers la Côte de Nord-Est, vis-à-vis de *Blefuscu*, & me couchant derriere une colline, je tirai ma lunette, & vis la Flotte de l'Ennemi composée de cinquante Vaisseaux de guerre, & d'un grand nombre de Vaisseaux de transport. M'étant ensuite retiré, je donnai ordre de fabriquer une grande quantité de cables les plus forts qu'on pourroit, avec des barres de fer. Les cables devoient être environ de la grosseur d'une double ficelle; & les barres de la longueur & de la grosseur d'une aiguille à tricoter. Je triplai le cable pour le rendre encore plus fort, & pour la même raison, je tortillai ensemble trois des barres de fer, & attachai à chacune un crochet. Je retournai à la Côte de Nord-Est, & mettant bas mon juste-au-corps, mes souliers, & mes bas, j'entrai dans la mer. Je marchai d'abord dans l'eau avec toute la vîtesse que je pûs, & ensuite je nageai au milieu, environ quinze toises, jusqu'à ce que j'eusse trouvé pied. J'arrivai à la Flotte en moins d'une demie heure : les Ennemis furent si frappez à mon aspect, qu'ils sauterent tous hors de leurs vaisseaux comme des grenoüilles, & s'enfuirent à terre : ils paroissoient être au nombre de 30000. hommes. Je pris alors mes cables, & attachant un crochet au trou de la proüe de chaque Vaisseau, je passai mes cables dans les crochets. Pendant que je travaillois, l'Ennemi fit une décharge de plusieurs milliers de fléches, dont un grand nombre m'atteignit

au

au visage & aux mains, & qui, outre la douleur excessive qu'elles me causerent, me troublerent fort dans mon ouvrage. Ma plus grande appréhension étoit pour mes yeux, que j'aurois infailliblement perdus, si je ne me fusse promptemeut avisé d'un expedient. J'avois dans un de mes goussets une paire de lunettes, que je tirai & attachai à mon nez, aussi fortement que je pûs. Armé de cette façon, comme d'une espece de casque, je poursuivis mon travail en dépit de la grêle continuelle de fléches qui tomboit sur moi. Ayant placé tous les crochets, je commençai à tirer ; mais ce fut inutilement, tous les Vaisseaux étoient à l'ancre. Je coupai aussi-tôt avec mon coûteau tous les cables ausquels étoient attachés les ancres ; ce qu'ayant achevé en peu de tems, je tirai aisément cinquante des plus gros Vaisseaux, & les entraînai avec moi.

Les *Blefuscudiens*, qui n'avoient point d'idée de ce que je projettois, furent également surpris &

confus. Ils m'avoient vû couper les cables, & avoient crû que mon dessein n'étoit que de les laisser flotter au gré du vent & de la marée, & de les faire heurter l'un contre l'autre ; mais quand ils me virent entraîner toute la flotte à la fois, ils jetterent des cris de rage & de desespoir.

Ayant marché quelque-temps, & me trouvant hors de la portée des traits, je m'arretai un peu pour tirer toutes les fléches qui s'étoient attachées à mon visage & à mes mains ; puis conduisant ma prise, je tâchai de me rendre au Port Imperial de *Lilliput*.

L'Empereur avec toute sa Cour étoit sur le bord de la Mer, attendant le succès de mon entreprise. Ils voyoient de loin avancer une Flotte sous la forme d'un grand croissant ; mais comme j'étois dans l'eau jusques au cou, ils ne s'apperçevoient pas que c'étoit moi qui la conduisoit vers eux.

L'Empereut crût donc que j'avois peri ; & que la Flotte de l'Ennemi s'approchoit pour faire une descente. Mais ses craintes furent bien-tôt dissipées ; car ayant pris pié, on me vit à la tête de tous les Vaisseaux, & on m'entendit crier d'une voix forte, *Vive le très-puissant Empereur de Lilliput.* Ce Prince à mon arrivée, me donna des loüanges infinies, & sur le champ me créa *Nardac*, qui est le plus haut titre d'honneur parmi eux.

Sa Majesté me pria de prendre des mesures pour amener dans ses Ports tous les autres Vaisseaux de l'Ennemi. L'ambition de ce Prince ne lui faisoit pretendre rien moins, que de se rendre maître de tout l'Empire de *Blefuscu*, de le réduire en Province de son Empire, & de le faire gouverner par un Viceroy : de faire perir tous les exilés *Gros-Boutiens*, & de contraindre tous ses Peuples à casser les œufs par le petit bout : ce qui l'auroit fait parvenir à la Monarchie Universelle. Mais je tachai de le détourner de ce dessein par plusieurs raisonnements fondés sur la Politique & sur la Justice ; & je protestai hautement, que je ne serois jamais l'instrument dont il se serviroit, pour opprimer la liberté d'un Peuple libre, noble & courageux. Quand on eut délibéré sur cette affaire dans le Conseil, la plus saine partie fut de mon avis.

Cette déclaration ouverte & hardie étoit si opposée aux projets & à la Politique de Sa Majesté Imperiale, qu'il étoit difficile qu'il pût me le pardonner. Il en parla dans le Conseil d'une maniere très-artificieuse, & mes ennemis secrets s'en prévalurent pour me perdre. Tant il est vrai que les services les plus importans rendus aux Souverains, sont bien peu de chose, lorsqu'ils sont suivis du refus de servir aveuglément leurs passions.

Environ trois semaines après mon expédition éclatante, il arriva une Ambassade solemnelle de *Blefuscu*, avec des propositions de Paix. Le traité fut bien-tôt conclu à des conditions très-avantageuses pour l'Empereur. L'Ambassade étoit composée de six Seigneurs, avec une suite de 500 personnes; & on peut dire que leur entrée fût conforme à la grandeur de leur maître, & à l'importance de leur négociation.

Après la conclusion du Traité leurs Excellences étant averties secrétement des bons offices que j'avois rendus à leur Nation, par la maniere dont j'avois parlé à l'Empereur, me rendirent une visite en cérémonie. Ils commencerent par me faire beaucoup de compliments sur ma valeur & sur ma générosité, & m'invitérent au nom de leur Maître à passer dans son Royaume. Je les remerciai, & les priai de me faire l'honneur de présenter mes très-humbles respects à Sa Majesté *Blefuscudienne*, dont les vertus éclatantes étoient répanduës par tout l'Univers. Je promis de me rendre auprès de sa personne Royale, avant que de retourner dans mon Pays.

Peu de jours après je demandai à l'Empereur la permission de faire mes compliments au Grand Roy de *Blefuscu* : il me répondit froidement qu'il le vouloit bien.

J'ai oublié de dire que les Ambaſſadeurs m'avoient parlé avec le ſecours d'un Interprete. Les langues des deux Empires ſont très-diférentes l'une de l'autre : chacune des deux Nations vante l'Antiquité, la beauté, & la force de ſa Langue, & mépriſe l'autre. Cependant l'Empereur fier de l'avantage qu'il avoit remporté ſur les *Blefuſcudiens*, par la priſe de leur Flotte, obligea les Ambaſſadeurs à preſenter leurs Lettres de créance, & a faire leur harangue dans la Langue Lilliputienne. Et il faut avoüer qu'à raiſon du trafic & du commerce qui eſt entre les deux Royaumes, de la réception reciproque des exilés, & de l'uſage où ſont les *Lilliputiens* d'envoyer leur jeune nobleſſe dans le *Blefuscu*, afin de s'y polir & d'y apprendre les exercices, il y a très-peu de perſonnes de diſtinction dans l'Empire de Lilliput, & encore moins de Négotians ou de

Matelots dans les Places maritimes, qui ne parlent les deux Langues.

J'eus alors occasion de rendre à Sa Majesté Imperiale un service très-signalé. Je fus un jour reveillé sur le minuit par les cris d'une foule de Peuple assemblée à la porte de mon Hôtel : J'entendis le mot *Burgum* repeté plusieurs fois. Quelques-uns de la Cour de l'Empereur s'ouvrant un passage à travers la foule, me priérent de venir incessamment au Palais, où l'appartement de l'Imperatrice étoit en feu par la faute d'une de ses Dames d'honneur, qui s'étoit endormie en lisant un Poëme Blefuscudien. Je me levai à l'instant, & me transportai au Palais avec assés de peine, sans néanmoins fouler personne aux piés. Je trouvai qu'on avoit déja appliqué des échelles aux murailles de l'appartement, & qu'on étoit bien fourni de sceaux ; mais l'eau étoit assés éloignée. Ces sceaux étoient environ de la grosseur d'un dé à coudre, & le pauvre

Peuple en fournissoit avec toute la diligence qu'il pouvoit. L'Incendie commençoit à croître, & un Palais si magnifique auroit été infailliblement réduit en cendres, si par une presence d'esprit peu ordinaire, je ne me fusse tout à coup avisé d'un expédient. Le soir précedent j'avois bû en grande abondance d'un vin blanc appellé *Glimigrim*, qui vient d'une Province de *Blefuscu*, & qui est très-diurétique. Je me mis donc à uriner en si grande abondance, & j'appliquai l'eau si à propos & si adroitement aux endroits convenables, qu'en trois minutes le feu fut tout-à-fait éteint, & que le reste de ce superbe édifice, qui avoit coûté des sommes immenses, fût préservé d'un fatal embrasement.

J'ignorois si l'Empereur me sçauroit gré du service que je venois de lui rendre ; car par les Loix fondamentales de l'Empire, c'étoit un crime capital & digne de mort de faire de l'eau dans l'étenduë du Palais Imperial : Mais je fus rassuré, lorsque j'appris que Sa Majesté avoit

avoit donné ordre au Grand Juge de m'expédier des Lettres de grace. Mais on m'apprit que l'Imperatrice, concevant la plus grande horreur de ce que je venois de faire, s'étoit transportée au côté le plus éloigné de la Cour, & qu'elle étoit déterminée à ne jamais loger dans des Appartemens, que j'avois osé soüiller par une action malhonnête & impudente.

CHAPITRE VI.

Les mœurs des Habitans de Lilliput; *leur Litterature, leurs Loix, leurs Coûtumes, & leur maniere d'élever les Enfans.*

QUoi que j'aye le deſſein, de renvoyer la Deſcription de cet Empire à un Traité particulier, je crois cependant devoir en donner ici au Lecteur quelque idée generale. Comme la taille ordinaire des gens du Païs, eſt un peu moins haute que de ſix pouces, il y a une proportion exacte dans tous les autres animaux, auſſi-bien que dans les plantes & dans les arbres. Par exemple, les chevaux & les bœufs les plus hauts ſont de quatre à cinq pouces; les moutons d'un pouce & demi, plus ou moins; leurs oyes environ de la groſſeur d'un moineau; en ſorte que leurs inſectes étoient preſque inviſibles pour moi; mais la nature a sçû ajuster les yeux des Habitans de *Lilliput*, à tous les objets qui leur sont proportionnez. Pour faire connoître combien leur vûë est perçante, à l'égard des objets qui sont proches, je dirai que je vis une fois avec plaisir un Cuisinier habile, plumant une alloüette, qui n'étoit pas si grosse qu'une mouche ordinaire ; & une jeune fille enfilant une aiguille invisible, avec de la soye pareillement invisible.

Ils ont des Caractéres & des Lettres ; mais leur façon d'écrire est remarquable, n'étant ni de la gauche à la droite, comme celle de l'*Europe*, ni de la droite à la gauche comme celle des *Arabes*, ni de haut en bas comme celle des *Chinois*, ni de bas en haut, comme celle des *Cascariens*; mais obliquement, & d'un angle du papier à l'autre, comme celle des Dames d'*Angleterre*.

Ils enterrent les morts la tête directement en bas ; parce qu'ils s'imaginent que dans onze mille Lunes, tous les morts doivent ressusciter; qu'alors la Terre (qu'ils croïent platte) se tournera sens-dessus-dessous; & que par ce moïen, au moment de leur Resurrection, ils seront tous trouvés debout sur leurs pieds. Les Sçavans d'entr'eux reconnoissent l'absurdité de cette opinion; mais l'usage subsiste, parce qu'il est ancien, & fondé sur les idées du peuple.

Ils ont des Loix & des Coûtumes très-singulieres, que j'entreprendrois peut-être de justifier, si elles n'étoient trop contraires à celles de ma chere Patrie. La premiere, dont je ferai mention, regarde les Délateurs. Tous les crimes contre l'Etat sont punis en ce païs-là avec une rigueur extrême; mais si l'accusé fait voir évidemment son innocence, l'Accusateur est aussi-tôt condamné à une mort ignominieuse, & tous ses biens confisqués au profit de l'Innocent. Si l'accusateur est un gueux, l'Empereur de ses propres deniers dédommage l'accusé, supposé qu'il ait été mis en prison, ou qu'il ait été mal-traité le moins du monde.

On regarde la fraude comme un crime plus énorme que le vol ; c'eſt pourquoi elle eſt toûjours punie de mort : car on a pour principe, que le ſoin & la vigilance, avec un eſprit ordinaire, peuvent garantir les biens d'un homme contre les attentats des voleurs ; mais que la probité n'a point de défenſe, contre la fourberie & la mauvaiſe foi.

Quoi que nous regardions les châtimens & les récompenſes comme les grands pivots du Gouvernement, je puis dire néanmoins que la maxime de punir & de récompenſer n'eſt pas obſervée en Europe, avec la même ſageſſe que dans l'Empire de *Lilliput*. Quiconque peut apporter des preuves ſuffiſantes, qu'il a obſervé exactement les Loix de ſon païs pendant ſoixante-treize Lunes, a droit de prétendre à certains Priviléges, ſelon ſa naiſſance & ſon état, avec une certaine ſomme d'argent, tirée d'un fond deſtiné à cet uſage : il gagne même le Titre de *Snilpall* ou de *Legitime*, lequel eſt ajoûté à ſon nom ; mais ce Titre ne paſſe pas à ſa poſterité. Ces Peuples regardent comme un défaut prodigieux de politique parmi nous, que toutes nos Loix ſoient menaçantes, & que l'infraction ſoit ſuivie de rigoureux châtimens, tandis que l'obſervation n'eſt ſuivie d'aucune récompenſe : c'eſt pour cette raiſon qu'ils repreſentent la Juſtice avec ſix yeux, deux devant, autant derriere, & un de chaque côté (pour repreſenter la circonſpection) tenant un ſac plein d'or à ſa main droite, & une épée dans le fourreau à ſa main gauche, pour faire voir qu'elle eſt plus diſpoſée à récompenſer qu'à punir.

Dans le choix qu'on fait des Sujets pour remplir les Emplois, on a plus d'égard à la probité qu'au grand génie. Comme le Gouvernement eſt néceſſaire au genre humain, on croit que la Providence n'eut jamais deſſein de faire de l'adminiſtration des affaires publiques une ſcience difficile & miſterieuſe, qui ne pût être poſſédée que par un petit nombre d'eſprits rares & ſublimes, tels qu'il en naît au-plus deux ou trois dans un siécle : mais on juge que la Verité, la Justice, la Temperance, & les autres vertus sont à la portée de tout le monde ; & que la pratique de ces vertus, accompagnée d'un peu d'experience & de bonne intention, rendent quelque personne que ce soit, propre au service de son Païs, pour peu qu'elle ait de bon sens & de discernement. On est persuadé que tant s'en faut que le défaut des Vertus morales soit suppléé par les talens superieurs de l'esprit, que les Emplois ne pourroient être confiés à de plus dangereuses mains qu'à celles des grands Esprits, qui n'ont aucune vertu : & que les erreurs nées de l'ignorance, dans un Ministre honnête homme, n'auroient jamais de si funestes suites à l'égard du bien public, que les pratiques ténébreuses d'un Ministre, dont les inclinations seroient corrompuës, dont les vûës seroient criminelles, & qui trouveroit dans les ressources de son esprit, de quoi faire le mal impunément.

Qui ne croit pas la Providence Divine parmi les *Lilliputiens*, est déclaré incapable de posséder aucun emploi public. Comme les Rois se prétendent à juste titre les Députez de la Providence, les *Lilliputiens* jugent qu'il n'y a rien de plus absurde, & de plus inconséquent, que la conduite d'un Prince qui se sert de Gens sans religion, qui nient cette autorité suprême, dont il se dit le dépositaire, & dont en effet il emprunte la sienne.

En rapportant ces Loix & les suivantes, je ne parle que des Loix originales & primitives des *Lilliputiens*. Je sçai que par des Loix modernes, ces Peuples sont tombés dans un grand excès de corruption: témoin cet usage honteux d'obtenir les grandes charges en dansant sur la corde; & les marques de distinction en sautant par-dessus un bâton. Le Lecteur doit observer que cet indigne usage fut introduit par le Pere de l'Empereur régnant.

L'ingratitude est parmi ces Peuples un crime énorme, comme nous apprenons dans l'histoire, qu'il l'a été autrefois aux yeux de quelques Nations vertueuses. Celui, disent les *Lilliputiens*, qui rend de mauvais offices à son Bienfaicteur même, doit être nécessairement l'ennemi de tous les autres hommes.

Les *Lilliputiens* jugent que le Pere & la Mere ne doivent point être chargés de l'éducation de leurs propres enfans ; & il y a dans chaque Ville des Séminaires publics, où tous les Peres & Meres (excepté les Payfans & les Ouvriers) font obligés d'envoyer leurs Enfans de l'un & de l'autre féxe, pour être élevés & formés. Quand ils sont parvenus à l'âge de vingt Lunes, on les suppose dociles & capables d'apprendre. Les Ecoles sont de differente espece, suivant la difference du rang & du féxe. Des Maîtres habiles forment les enfans pour un état de vie conforme à leur naissance, à leurs propres talens, & à leurs inclinations.

Les Séminaires pour les mâles d'une naissance illustre, sont pourvûs de Maîtres sérieux & sçavans. L'habillement & la nourriture des enfans, sont simples. On leur inspire des principes d'honneur, de Justice, de courage, de modestie, de clémence, de Religion, & d'amour pour la Patrie. Ils sont habillés par des hommes jusqu'à l'âge de quatre ans ; & après cet âge, ils sont obligés de s'habiller eux-mêmes, de quelque grande qualité qu'ils soient. Il ne leur est permis de prendre leurs divertissemens, qu'en la presence d'un Maître ; par-là ils évitent ces funestes impressions de folie & de vice, qui commencent de si bonne heure à corrompre les mœurs, & les inclinations de la Jeunesse. On permet à leurs Pere & Mere, de les voir deux fois par an ; la visite ne peut durer qu'une heure, avec la liberté de baiser leur fils en entrant & en sortant : mais un Maître, qui est toûjours present en ces occasions, ne leur permet pas de parler secrettement à leur fils, de le flatter, de le carresser, ni de lui donner des bijoux, ou des dragées, & des confitures.

Dans les Séminaires pour les femelles, les jeunes filles de qualité sont élevées presque comme les garçons ; seulement elles sont habillées par des Domestiques de leur sexe ; mais toûjours en presence d'une Maîtresse, jusqu'à ce qu'elles ayent atteint l'âge de cinq ans, qu'elles s'habillent elles-mêmes. Lorsque l'on découvre que les nourrices ou les femmes de Chambre entretiennent ces petites filles d'histoires extravagantes, de contes insipides, ou capables de leur faire peur (ce qui est en Angleterre fort ordinaire aux Gouvernantes,) elles sont foüettées publiquement trois fois par toute la Ville, emprisonnées pendant un an, & exilées le reste de leur vie dans l'endroit le plus desert du pays. Ainsi les jeunes filles parmi ces Peuples, sont aussi honteuses que les hommes, d'être lâches & sottes ; elles méprisent tous les ornemens extérieurs, & n'ont égard qu'à la bienféance,

& à la propreté. Leurs exercices ne sont pas tout-à-fait si violens que ceux des garçons, & on les fait un peu moins étudier; car on leur apprend aussi les sciences & les belles Lettres. C'est une maxime parmi eux, qu'une femme devant être pour son mari une compagnie toûjours agréable, elle doit s'orner l'esprit, qui ne vieillit point.

Les *Lilliputiens* sont persuadez, autrement que nous ne le sommes en Europe, que rien ne demande plus de soin & d'application que l'éducation des Enfans. Il est aisé, disent-ils, d'en faire; comme il est aisé de semer & de planter. Mais de conserver certaines plantes, de les faire croître heureusement, de les défendre contre les rigueurs de l'hiver, contre les ardeurs & les orages de l'été, contre les attaques des insectes, de leur faire enfin porter des fruits en abondance; c'est l'effet de l'attention & des peines d'un Jardinier habile.

Ils prennent garde que le Maître ait plûtôt un esprit bien fait qu'un esprit sublime, plûtôt des mœurs que de la science. Ils ne peuvent souffrir ces Maîtres, qui étourdissent sans cesse les oreilles de leurs Disciples, de combinaisons grammaticales, de discussions frivoles, de remarques puériles; & qui pour leur apprendre l'ancienne Langue de leur Païs, (qui n'a que peu de raport à celle qu'on y parle aujourd'hui) accablent leur esprit de régles & d'exceptions, & laissent-là l'usage & l'exercice, pour farcir leur memoire de principes superflus & de préceptes épineux. Ils veulent que le Maître se familiarise avec dignité, rien n'étant plus contraire à la bonne éducation, que le Pedantisme & le serieux affecté. Il doit, selon eux, plûtôt s'abaisser que s'élever devant son Disciple; & ils jugent l'un plus difficile que l'autre, parce qu'il faut souvent plus d'effort & de vigueur, & toûjours plus d'attention, pour descendre sûrement, que pour monter.

Ils prétendent que les Maîtres doivent bien plus s'appliquer à former l'esprit des jeunes gens pour la conduite de la vie, qu'à l'enrichir de connoissances curieuses, presque toûjours inutiles. On leur apprend donc de bonne heure à être sages & Philosophes, afin que dans la saison même des plaisirs, ils sçachent les goûter philosophiquement. N'est-il pas ridicule, disent-ils, de n'en connoître la nature & le vrai usage que lorsqu'on y est devenu inhabile; d'apprendre à vivre, quand la vie est presque passée, & de commencer à être homme, lorsqu'on va cesser de l'être ?

On leur propose des récompenses pour l'aveu ingénu & sincere de leurs fautes, & ceux qui sçavent mieux raisonner sur leurs propres défauts, obtiennent des graces & des honneurs. On veut qu'ils soient curieux, & qu'ils fassent souvent des questions sur tout ce qu'ils voyent, & sur tout ce qu'ils entendent ; & on punit très-sévérement ceux qui, à la vûë d'une chose extraordinaire & remarquable, témoignent peu d'étonnement & de curiosité.

A LILLIPUT.

On leur recommande d'être très-fidéles, très-soûmis, très-attachez au Prince, mais d'un attachement général & de devoir, & non d'aucun attachement particulier, qui blesse souvent la conscience, & toûjours la liberté, & qui expose à de grands malheurs.

Les Maîtres d'Histoire se mettent moins en peine d'apprendre à leurs Eleves la datte de tel ou tel événement, que de leur peindre le caractere les bonnes & les mauvaises qualités des Rois, des Généraux d'Armée & des Ministres. Ils croyent qu'il leur importe assez peu de sçavoir, qu'en telle année & en tel mois, telle bataille a été donnée; mais qu'il leur importe de considerer, combien les hommes dans tous les siécles sont barbares, brutaux, injustes, sanguinaires, toûjours prêts à prodiguer leur propre vie sans necessité, & attenter sur celle des autres sans raison; combien les combats deshonorent l'humanité, & combien les motifs doivent être puissans, pour en venir à cette extrêmité funeste. Ils regardent l'histoire de l'esprit humain comme la meilleure de toutes, & ils apprennent moins aux jeunes gens à retenir les faits, qu'à en juger.

Il veulent que l'amour des Sciences soit borné, & que chacun choisisse le genre d'étude qui convient le plus à son inclination & à son talent. Ils font aussi peu de cas d'un homme qui étudie trop, que d'un homme qui mange trop, persuadés que l'esprit a ses indigestions comme le corps : il n'y a que l'Empereur seul qui ait une vaste & nombreuse Bibliotheque. A l'égard de quelques particuliers qui en ont de trop grandes, on les regarde comme des ânes chargés de Livres.

La Philosophie chés ces peuples est très-gaye, & ne consiste pas en *ergotismes*, comme dans nos Ecoles. Ils ne sçavent ce que c'est que *Baroco* & *Baralipton*, que *Categories*, que termes de la premiere & de la seconde intention, & autres sottises épineuses de la Dialectique, qui n'apprennent pas plus à raisonner,

qu'à

qu'à danser. Leur Philosophie consiste à établir des principes infaillibles, qui conduisent l'esprit à préférer l'état mediocre d'un honnête homme, aux richesses & au faste d'un Financier, & les victoires remportées sur ses passions, à celles d'un Conquerant. Elle leur apprend à vivre durement, & à fuïr tout ce qui accoûtume les sens à la volupté, tout ce qui rend l'ame trop dépendante du corps, & affoiblit sa liberté. Au reste, on leur represente toûjours la vertu, comme une chose aisée & agréable.

On les exhorte à bien choisir leur état de vie, & on tâche de leur faire prendre celui qui leur convient le mieux, ayant moins d'égard aux facultés de leurs parens, qu'aux facultez de leur ame ; en sorte que le fils d'un Laboureur est quelquefois Ministre d'Etat, & le fils d'un Seigneur est Marchand.

Ces Peuples n'estiment la Phisique & la Mathematique, qu'autant que ces Sciences sont avantageuses à la vie, & au progrés des Arts utiles. En général, ils se mettent peu en peine de connoître toutes les parties de l'Univers, & aiment moins à raisonner sur l'ordre & le mouvement des corps Phisiques, qu'à joüir de la Nature, sans l'examiner. A l'égard de la Metaphisique, ils la regardent comme une source de visions & de chimeres.

Ils haïssent l'affectation dans le langage, & le stile précieux, soit en prose soit en vers, & ils jugent qu'il est aussi impertinent de se distinguer par sa maniere de parler, que par celle de s'habiller. Un Auteur qui quitte le stile pur, clair & serieux, pour employer un jargon bizarre & guindé, & des métaphores recherchées & inoüies, est couru & hué dans les ruës, comme un masque de Carnaval.

On cultive parmi eux le corps & l'ame tout à la fois, parce qu'il s'agit de dresser un homme, & que l'on ne doit pas former l'un sans sans l'autre. C'est, selon eux, une couple de chevaux attelés ensemble qu'il faut conduire à pas égaux.

Tandis que vous ne formés (difent-ils) que l'efprit d'un enfant, fon exterieur devient groffier & impoli: tandis que vous ne lui formez que le corps, la ftupidité & l'ignorance s'emparent de fon efprit.

Il eft défendu aux Maîtres de châtier les enfans par la douleur: ils le font par le retranchement de quelque douceur fenfible, par la honte, & fur tout par la privation de deux ou trois leçons; ce qui les mortifie extrêmement, parce qu'alors on les abandonne à eux-mêmes, & qu'on fait femblant de ne les pas juger dignes d'inftruction. La douleur, felon eux, ne fert qu'à les rendre timides, défaut très-préjudiciable, & dont on ne guérit jamais.

CHAPITRE VII.

L'Auteur ayant reçû avis qu'on lui vouloit faire son procès, pour crime de leze Majesté, s'enfuit dans le Royaume de Blefuscu.

Avant que je parle de ma sortie de l'Empire de *Lilliput*, il sera peut-être à propos d'instruire le Lecteur d'une intrigue secrette qui se forma contre moi.

J'étois peu fait au manége de la Cour, & la bassesse de mon état m'avoit refusé les dispositions necessaires pour devenir un habile courtisan ; quoique plusieurs d'aussi basse extraction que moi ayent souvent réüssi à la Cour, & y soient parvenus aux plus grands emplois : mais aussi n'avoient-ils pas peut-être la même délicatesse que moi sur la probité & sur l'honneur. Quoiqu'il en soit, pendant que je me disposois à partir pour me rendre auprès de l'Empereur de *Blefuscu*, une personne de grande consideration à la Cour, & à qui j'avois rendu des services importants, me vint trouver secrettement pendant la nuit, & entra chez moi avec sa chaise sans se faire annoncer. Les Porteurs furent congédiés ; je mis la chaise avec son Excellence dans la poche de mon justaucorps ; & donnant ordre à un Domestique de tenir la porte de ma maison fermée, je mis la chaise su. la table, & je m'assis auprès. Après les premiers compliments, remarquant que l'air de ce Seigneur étoit triste & inquiet, & lui en ayant demandé la raison, il me pria de le vouloir bien écouter sur un sujet, qui interessoit mon honneur & ma vie.

Je vous apprends, me dit-il, qu'on a convoqué depuis peu plusieurs Committés secrets à vôtre sujet ; & que depuis deux jours Sa Majesté a pris une fâcheuse résolution.

Vous n'ignorés pas que *Skyriesh Bolgolam* (*Galbet* ou grand Amiral) a presque toûjours été vôtre ennemi mortel depuis vôtre arrivée ici. Je n'en sçai pas l'origine; mais sa haine s'est fort augmentée depuis vôtre expedition contre la flotte de *Blefuscu*: comme Admiral il est jaloux de ce grand succès. Ce Seigneur de concert avec *Flimnap* Grand-Trésorier, *Limtoc* le Général, *Lalcon* le Grand Chambellan, & *Balmuff* le Grand-Juge ont dressé des articles pour vous faire vôtre procès en qualité de Criminel de Leze-Majesté, & comme coupable de plusieurs autres grands crimes.

Cet exorde me frappa tellement, que j'allois l'interrompre, quand il me pria de ne rien dire & de l'écouter; & il continua ainsi.

Pour reconnoître les services que vous m'avés rendus, je me suis fait instruire de tout le Procès, & j'ai obtenu une copie des articles: c'est une affaire dans laquelle je risque ma tête pour vôtre service.

Articles de l'accusation intentée contre Quinbus Flestrin, (*l'Homme Montagne.*)

Article I.

D'Autant que par une Loi portée sous le Régne de Sa Majesté Imperiale *Cabin Deffar Plune*, il est ordonné que quiconque fera de l'eau dans l'étenduë du Palais Imperial, sera sujet aux peines & châtiment du crime de Leze-Majesté, & que malgré cela ledit *Quinbus Flestrin* par une violement ouvert de ladite Loi, sous le prétexte d'éteindre le feu allumé dans l'appartement de la Chere Imperiale Epouse de Sa Majesté auroit malicieusement, traitreusement & diaboliquement, par la décharge de sa vessie, éteint ledit feu allumé dans ledit appartement, étant alors entré dans l'étenduë dudit Palais Imperial.

ARTICLE II.

Que ledit *Quinbus Fleſtrin*, ayant amené la Flotte Royale de *Blefuſ-cu* dans nôtre Port Imperial, & lui ayant été enſuite enjoint par Sa Majeſté Imperiale, de ſe rendre Maître de tous les autres Vaiſſeaux dudit Royaume de *Blefuſcu*, & de le réduire à la forme d'une Province, qui pût être gouvernée par un Viceroy de nôtre Pays ; & de faire périr & mourir non-ſeulement tous les *Gros-Boutiens* exilés, mais auſſi tout le Peuple de cet Empire, qui ne voudroit inceſſamment quitter l'héreſie *Gros-Boutienne*, ledit *Fleſtrin*, comme un traitre rebêle à ſa très-heureuſe Imperiale Majeſté, auroit preſenté une requête pour être diſpenſé dudit ſervice, ſous le prétexte frivole d'une répugnance de ſe mêler de contraindre les conſciences, & d'opprimer la liberté d'un Peuple innocent.

Article III.

Que certains Ambassadeurs étant venus depuis peu de la Cour de *Blefuscu*, pour demander la paix à Sa Majesté, ledit *Fleftrin*, comme un sujet déloyal, auroit secouru, aidé, soulagé & régalé lesdits Ambassadeurs, quoi qu'il les connut pour être Ministres d'un Prince qui venoit d'être récemment l'Ennemi déclaré de Sa Majesté Imperiale, & dans une guerre ouverte contre Sadite Majesté.

Article IV.

Que ledit *Quinbus Fleftrin*, contre le devoir d'un fidéle Sujet, se disposeroit actuellement à faire un voiage à la Cour de *Blefuscu*, pour lequel il n'a reçû qu'une permission verbale de Sa Majesté Imperiale ; & sous prétexte de ladite permission, se proposeroit temerairement & perfidement de faire ledit voyage, & de secourir, soulager & aider le Roy de *Blefuscu*.

Il y a encore d'autres Articles, ajoûta-t'il, mais ce font les plus importans dont je viens de vous lire un abregé.

Dans les differentes déliberations fur cette accufation, il faut avoüer que Sa Majefté a fait voir fa moderation, fa douceur & fon équité, reprefentant plufieurs fois vos fervices, & tâchant de diminuer vos crimes. Le Treforier & l'Amiral ont opiné qu'on devoit vous faire mourir d'une mort cruelle & ignominieufe, en mettant le feu à vôtre Hôtel pendant la nuit; & le Général devoit vous attendre avec vingt mille hommes armés de fléches empoifonnées, pour vous frapper au vifage & aux mains. Des ordres fecrets devoient être donnés à quelques-uns de vos domeftiques, pour répandre un fuc venimeux fur vos chemifes, lequel vous auroit fait bien-tôt déchirer vôtre propre chair, & mourir dans des tourmens exceffifs. Le Général s'eft rendu au même avis : en forte que pendant quelque temps la pluralité des voix a été contre vous ; mais Sa Majesté résoluë de vous sauver la vie, a gagné le suffrage du Chambellan.

Sur ces entrefaites *Reldresal*, premier Secretaire d'Etat pour les affaires secrettes, a reçû ordre de l'Empereur de donner son avis; ce qu'il a fait conformément à celui de Sa Majesté, & certainement il a bien justifié l'estime que vous avés pour lui. Il a reconnu que vos crimes étoient grands, mais qu'ils méritoient néanmoins quelque indulgence. Il a dit que l'amitié qui étoit entre vous & lui étoit si connuë, que peut-être on pourroit le croire prévenu en vôtre faveur; que cependant pour obéïr au commandement de Sa Majesté, il vouloit dire son avis avec franchise & liberté : que si Sa Majesté, en consideration de vos services, & suivant la douceur de son esprit, vouloit bien vous sauver la vie, & se contenter de vous faire crever les deux yeux, il jugeoit avec soûmission que par cet expedient la Justice pourroit être en quelque sorte satisfaite ; & que tout le monde applaudiroit à la clemence de l'Empereur, aussi-bien qu'à la procédure équitable & généreuse de ceux qui avoient l'honneur d'être ses Conseillers. Que la perte de vos yeux ne feroit point d'obstacle à vôtre force corporelle, par laquelle vous pourriés être encore utile à S. M. Que l'aveuglement sert à augmenter le courage, en nous cachant les perils, que l'esprit en devient plus recueilli, & plus disposé à la découverte de la verité. Que la crainte que vous aviés pour vos yeux, étoit la plus grande difficulté que vous aviés euë à surmonter, en vous rendant maître de la Flotte ennemie : & que ce seroit assés que vous vissiez par les yeux des autres, puisque les plus puissans Princes ne voyent pas autrement.

Cette proposition fut reçuë avec un déplaisir extrême par toute l'assemblée : l'Admiral *Bolgolam* tout en feu se leva, & transporté de fureur, dit qu'il étoit étonné que le Secretaire osât opiner pour la conservation de la vie d'un traître ; que les services que vous aviés rendus étoient, selon les veritables maximes d'Etat, des crimes énormes ; que vous, qui étiés capable d'éteindre tout-à-coup une incendie en arrofant d'urine le Palais de S. M. (ce qu'il ne pouvoit rappeller fans horreur,) pourriés quelqu'autrefois, par le même moyen, inonder le Palais & toute la Ville, ayant une pompe énorme difposée à cet éfet ; & que la même force qui vous avoit mis en état d'entraîner toute la Flotte de l'ennemi, pourroit fervir à la reconduire, fur le premier mécontentement, à l'endroit d'où vous l'aviés tirée. Qu'il avoit des raifons très-fortes de penfer que vous étiés *Gros-Boutien* au fonds de vôtre cœur ; & parceque la trahifon commence au cœur avant qu'elle paroiffe dans les actions, comme *Gros-Boutien*, il vous déclara formellement traître & rebelle, & infifta qu'on devoit fans délai vous faire mourir.

Le Tréforier fût du même avis.

Il fit voir à quelles extrémités les Finances de Sa Majesté étoient réduites par la dépense de vôtre entretien; ce qui deviendroit bien-tôt insoûtenable. Que l'expédient proposé par le Secretaire de vous crever les yeux, loin d'être un remede contre ce mal, l'augmenteroit selon toute les apparences ; comme il paroît par l'usage ordinaire d'aveugler certaines volailles, qui après cela mangent encore plus, & s'engraissent plus promptement. Que Sa Majesté sacrée, & le Conseil, qui étoient vos Juges, étoient dans leurs propres consciences persuadés de vôtre crime : ce qui étoit une preuve plus que susisante pour vous condamner à mort, sans avoir recours à des preuves formelles, requises par la Lettre rigide de la Loi.

Mais Sa Majesté Imperiale étant absolument déterminée à ne vous point faire mourir, dit gracieusement que, puisque le Conseil jugeoit la perte de vos yeux un châtiment trop leger, on pourroit en ajoûter un autre. Et vôtre ami le Secretaire priant avec soûmission d'être écouté encore, pour répondre à ce que le Trésorier avoit objecté touchant la grande dépense que Sa Majesté faisoit pour vôtre entretien, dit que son Excellence, qui avoit la seule disposition des Finances de l'Empereur, pourroit remedier facilement à ce mal, en diminuant vôtre table peu-à-peu : & que par ce moyen faute d'une quantité suffisante de nourriture, vous deviendriez foible & languissant, & perdriez l'appetit, & bientôt après la vie.

Ainsi par la grande amitié du Secretaire, toute l'affaire a été terminée à l'amiable ; les ordres précis ont été donnés pour tenir secret le dessein de vous faire peu à peu mourir de faim. L'Arrêt, pour vous crever les yeux, a été enregistré dans le Greffe du Conseil, personne ne s'y opposant, si ce n'est l'Amiral *Bolgolam*. Dans trois jours, le Secretaire aura ordre de se rendre chés vous, & de lire les articles de vôtre accusation en vôtre presence ; &

puis de vous faire sçavoir la grande clémence & grace de Sa Majesté & du Conseil, en ne vous condamnant qu'à la perte de vos yeux ; à laquelle Sa Majesté ne doute pas que vous ne vous soûmettiez avec la reconnoissance & l'humilité qui conviennent : vingt des Chirurgiens de Sa Majesté se rendront à sa suite, & executeront l'operation par la décharge adroite de plusieurs fléches très-aiguës dans les prunelles de vos yeux, lorsque vous serés couché à terre. C'est à vous à prendre les mesures convenables que vôtre prudence vous suggerera. Pour moi, afin de prévenir les soupçons, il faut que je m'en retourne aussi secretement que je suis venu.

Son Excellence me quitta, & je restai seul livré aux inquiétudes. C'étoit un usage introduit par ce Prince, & par son Ministere (très-different à ce qu'on m'assûre de l'usage des premiers temps) qu'après que la Cour avoit ordonné un supplice, pour satisfaire le ressentiment du Souverain, où la malice d'un

Favori, l'Empereur devoit faire une harangue à tout son Conseil, parlant de sa douceur & de sa clémence comme de qualités reconnuës de tout le monde. La harangue de l'Empereur à mon sujet fut bien-tôt publiée par tout l'Empire, & rien n'inspira tant de terreur au Peuple que ces éloges de la clémence de Sa Majesté, parce qu'on avoit remarqué que plus ces éloges étoient amplifiez, plus le supplice étoit ordinairement cruel & injuste. Et à mon égard, il faut avoüer que n'étant pas destiné par ma naissance ou par mon éducation à être homme de Cour, j'entendois si peu les affaires, que je ne pouvois décider si l'Arrêt porté contre moi étoit doux ou rigoureux, juste ou injuste. Je ne songeai point à demander la permission de me deffendre, j'aimai autant être condamné sans être entendu. Car ayant autrefois vû plusieurs procès semblables, je les avois toûjours vû terminés selon les instructions données aux Juges, & au gré des accusateurs accredités & puissans.

J'eus quelqu'envie de faire de la résistance ; car étant en liberté, toutes les forces de cet Empire ne seroient pas venu à bout de moi, & j'aurois pû facilement à coups de pierres battre & renverser la Capitale : mais je rejettai aussi-tôt ce projet avec horreur, me ressouvenant du serment que j'avois prêté à Sa Majesté, des graces que j'avois reçûës d'elle, & de la haute dignité de *Nardac* qu'elle m'avoit conferée. D'ailleurs, je n'avois pas assés pris l'esprit de Cour, pour me persuader que les rigueurs de Sa Majesté m'aquitoient de toutes les obligations que je lui avois.

Enfin je pris une résolution, qui, selon les apparences, sera censurée de quelques personnes avec justice ; car je confesse que ce fut une grande témérité à moi, & un très-mauvais procedé de ma part, d'avoir voulu conserver mes yeux, ma liberté & ma vie, malgré les ordres de la Cour. Si j'avois mieux connu le caractere des Princes & des Ministres d'Etat, que j'ai depuis observé dans plusieurs autres Cours, & leur méthode de traiter des accusés moins criminels que moi, je me serois soûmis sans difficulté à une peine si douce. Mais emporté par le feu de la jeunesse, & ayant eu ci-devant la permission de Sa Majesté Imperiale de me rendre auprès du Roy de *Blefuscu*, je me hâtai avant l'expiration des trois jours, d'envoyer une Lettre à mon ami le Secretaire, par laquelle je lui faisois sçavoir la résolution que j'avois prise, de partir ce jour-là même pour *Blefuscu*, suivant la permission que j'avois obtenuë : & sans attendre la réponse, je m'avançai vers la Côte de l'Isle où étoit la Flotte. Je me saisis d'un gros Vaisseau de guerre, j'attachai un cable à la prouë, & levant les ancres, je me deshabillai, mis mon habit (avec ma couverture que j'avois apportée sous mon bras) sur le Vaisseau, & le tirant après moi, tantôt guéant, tantôt nageant, j'arrivai au Port-Roïal de *Blefuscu*, où le Peuple m'avoit attendu longtemps. On m'y fournit deux guides pour me conduire à la Capitale, qui porte le même nom. Je les tins dans mes mains, jusqu'à ce que je fusse arrivé à cent toises de la Porte de la Ville, & je les priai de donner avis de mon arrivée à un des Secretaires d'Etat, & de lui faire sçavoir que j'attendois les ordres de Sa Majesté. Je reçûs réponse au bout d'une heure que Sa Majesté avec toute la Maison Royale, venoit pour me recevoir. Je m'avançai cinquante toises; le Roy & sa suite descendirent de leurs chevaux; & la Reine avec les Dames sortirent de leurs carosses, & je n'apperçûs pas qu'ils eussent peur de moi. Je me couchai à terre pour baiser les mains du Roy & de la Reine, je dis à Sa Majesté que j'étois venu suivant ma promesse, & avec la permission de l'Empereur mon maître, pour avoir l'honneur de voir un si puissant Prince, & pour lui offrir tous les services qui dépendoient de moi, & qui ne seroient pas contraires à ce que je devois à mon Souverain; mais sans parler de ma disgrace.

Je n'ennuïerai point le Lecteur du détail de ma réception à la Cour, qui fut conforme à la generosité d'un si grand Prince; ni des incommoditez que j'essuyai, faute d'une maison & d'un lit, étant obligé de me coucher à terre enveloppé de ma couverture.

CHAPITRE VIII.

L'Auteur par un accident heureux, trouve le moyen de quitter Blefuscu; *& après quelques difficultez retourne dans sa Patrie.*

TRois jours après mon arrivée, me promenant par curiosité vers la Côte de l'Isle qui regarde le Nord-Est, je découvris à une demie lieuë de distance dans la Mer, quelque chose qui me sembla être un bâteau renversé. Je tirai mes souliers & mes bas, & allant dans l'eau cent ou cent cinquante toises, je vis que l'objet s'approchoit par la force de la marée, & je connus alors que c'étoit une chaloupe, qui, à ce que je crûs, pouvoit avoir été détachée d'un Vaisseau par quelque tempête: sur quoi je revins incessamment à la Ville, & priai Sa Majesté de me prêter vingt des plus grands Vaisseaux qui lui restoient depuis la perte de sa Flotte, & trois mille Matelots, sous les ordres du Vice-Amiral. Cette Flotte mit à la voile, faisant le tour, pendant que j'allai par le chemin le plus court à la Côte, où j'avois premierement découvert la Chaloupe. Je trouvai que la marée l'avoit poussée encore plus près du rivage. Quand les vaisseaux m'eurent joint, je me dépoüillai de mes habits, me mis dans l'eau, & m'avançai jusqu'à cinquante toises de la Chalouppe ; après quoi je fus obligé de nager, jusqu'à ce que je l'eusse atteinte. Les Matelots me jetterent un cable, dont j'attachai un bout à un trou sur le devant du bâteau, & l'autre bout à un Vaisseau de guerre : mais je ne pûs continuer mon ouvrage, perdant pié dans l'eau. Je me mis donc à nager derriere la Chalouppe & à la pousser en avant avec une de mes mains ; en sorte qu'à la faveur de la marée, je m'avançai tellement vers le rivage, que je pûs avoir le menton hors de l'eau, & trouver pied. Je me reposai deux ou trois minutes, & puis je poussai le bâteau encore, jusqu'à ce que la Mer ne fut pas plus haute que mes aisselles, & alors la plus grande fatigue étant passée, je pris d'autres cables apportés dans un des Vaisseaux, & les attachant premierement au bâteau, & puis à neuf des Vaisseaux qui m'attendoient, le vent étant assés favorable, & les Matelots m'aidant, je fis en sorte que nous arrivâmes à vingt toises du rivage; & la Mer s'étant retirée, je gagnai la Chalouppe à pied sec, & avec le secours de deux mille hommes, & celui des cordes & des machines, je vins à bout de la relever, & trouvai qu'elle n'avoit été que très-peu endommagée.

Je fus dix jours à faire entrer ma Chalouppe dans le Port Royal de *Blefuscu*, où il s'amassa un grand concours de Peuple, plein d'étonnement à la vûë d'un Vaisseau si prodigieux. Je dis au Roy que ma ma bonne fortune m'avoit fait rencontrer ce Vaisseau pour me transporter à quelque autre endroit, d'où

je

je pourrois retourner dans mon Païs natal; & je priai Sa Majesté de vouloir bien donner ses ordres, pour mettre ce Vaisseau en état de me servir, & de me permettre de sortir de ses Etats; ce qu'après quelques plaintes obligeantes, il lui plût de m'accorder.

J'étois fort surpris que l'Empereur de *Lilliput*, depuis mon départ, n'eut fait aucunes recherches à mon sujet: mais j'appris que Sa Majesté Imperiale, ignorant que j'avois eu avis de ses desseins, s'imaginoit que je n'étois allé à *Blefuscu*, que pour accomplir ma promesse, suivant la permission qu'il m'en avoit donnée, & que je reviendrois dans peu de jours. Mais à la fin, ma longue absence le mit en peine; & ayant tenu Conseil avec le Trésorier & le reste de la Cabale, une personne de qualité fut dépêchée avec une copie des articles dressés contre moi. L'Envoyé avoit des instructions pour representer au Souverain de *Blefuscu*, la grande douceur de son maître, qui s'étoit contenté de me punir par la perte de mes yeux ; que je m'étois souf-trait à la Justice ; & qui si je ne retournois pas dans deux jours, je serois dépoüillé de mon Titre de *Nardac*, & déclaré criminel de haute trahison. L'Envoyé ajoûta, que pour conserver la paix & l'amitié entre les deux Empires, son Maître esperoit que le Roi de *Blefuscu* donneroit ordre de me faire reconduire à *Lilliput*, pieds & mains liés, pour être puni comme un traître.

Le Roy de *Blefuscu* ayant pris trois jours pour déliberer sur cette affaire, rendit une réponse très-honnête & très-sage. Il representa qu'à l'égard de me renvoyer lié, l'Empereur n'ignoroit pas que cela étoit impossible ; que quoi que je lui eusse enlevé sa Flotte, il m'étoit redevable de plusieurs bons offices que je lui avois rendus par rapport au Traité de Paix. D'ailleurs qu'ils seroient bien-tôt l'un & l'autre délivrés de moi, parce que j'avois trouvé sur le rivage un Vaisseau prodigieux, capable de me porter sur la

Mer, qu'il avoit donné ordre d'accommoder avec mon secours, & suivant mes instructions, en sorte qu'il esperoit que dans peu de semaines les deux Empires seroient débarassés d'un fardeau si insuportable.

Avec cette réponse, l'Envoyé retourna à *Lilliput* ; & le Roy de *Blefuscu* me raconta tout ce qui s'étoit passé, m'offrant en même temps, mais secrettement & en confidence, sa gracieuse protection, si je voulois rester à son service. Quoique je crûsse sa proposition sincere, je pris la résolution de ne me livrer jamais à aucun Prince, ni à aucun Ministre lorsque je me pourrois passer d'eux : c'est pourquoi après avoir témoigné à Sa Majesté ma juste reconnoissance de ses intentions favorables, je la priai humblement de me donner mon congé, en lui disant que puisque la fortune bonne ou mauvaise, m'avoit offert un Vaisseau, j'étois résolu de me livrer à l'Ocean, plûtôt que d'être l'occasion d'une rupture entre deux si puissants Souverains. Le Roy ne me parût pas offensé de ce discours, & j'appris même qu'il étoit bien-aise de ma résolution, aussi-bien que la plûpart de ses Ministres.

Ces considérations m'engagérent à partir un peu plûtôt que je n'avois projetté; & la Cour qui souhaittoit mon départ, y contribua avec empressement. Cinq cent Ouvriers furent employés à faire deux Voiles à mon batteau, suivant mes ordres, en doublant treize fois ensemble leur plus grosse toile, & la matelassant. Je pris la peine de faire des cordes & des cables, en joignant ensemble dix, vingt, ou trente des plus forts des leurs. Une grosse pierre, que j'eus le bonheur de trouver, après un longue recherche, près le rivage de la Mer, me servit d'ancre, j'eus le suif de trois cent bœufs pour graisser ma chalouppe & pour d'autres usages. Je pris des peines infinies à couper les plus grands arbres pour en faire des rames, & des mâts, en quoi cependant je fus aidé par les Charpentiers des Navires de Sa Majesté.

Au bout d'environ un mois, quand tout fût prêt, j'allai pour recevoir les ordres de Sa Majesté, & pour prendre congé d'Elle. Le Roy accompagné de la Maison Royale sortit du Palais. Je me couchai sur le visage pour avoir l'honneur de lui baiser la main qu'il me donna très-gracieusement, aussi-bien que la Reine & les jeunes Princes du Sang. Sa Majesté me fit présent de cinquante bourses de deux cent *Spruggs* chacune, avec son portrait en grand, que je mis aussi-tôt dans un de mes gans pour le mieux conserver.

Je chargeai sur ma chalouppe cent bœufs & trois cent moutons, avec du pain & de la boisson à proportion, & une certaine quantité de viande cuitte, aussi grande que quatre cent Cuisiniers m'avoient pû fournir. Je pris avec moi six vaches, & deux taureaux vivans, & un même nombre de brebis & de beliers; ayant deſſein de les porter dans mon pays pour en multiplier l'eſpece : je me fournis auſſi de foin & de blé. J'aurois été bien aiſe d'emmener ſix des gens du pays, mais le Roy ne le voulut pas permettre; & outre une très-exacte viſite de mes poches, Sa Majeſté me fit donner ma parole d'honneur, que je n'emporterois aucuns de ſes Sujets, quand même ce ſeroit de leur propre conſentement, & à leur requête.

Ayant ainſi préparé toutes choſes, je mis à la voile le vingt-quatriéme jour de Septembre 1701. ſur les ſix heures du matin ; & quand j'eus fait 4 lieuës, tirant vers le Nord, le vent étant au Sud-Eſt, ſur les ſix heures du ſoir, je découvris une petite Iſle longue d'environ une demie lieuë vers le Nord-Oueſt. Je m'avançai & jettai l'ancre vers la Côte de l'Iſle qui étoit à l'abri du vent: elle me parut inhabitée. Je pris des rafraichiſſemens, & m'allai repoſer. Je dormis environ ſix heures, car le jour commença à paroître deux heures après que je fus éveillé. Je déjeunai, & le vent étant favorable, je levai l'ancre, & fis la même route que le jour précédent, guidé par mon compas de poche. C'étoit mon deſſein de me rendre, s'il étoit poſſible, à une de ces Iſles, que je croyois avec raiſon, ſituées au Nord-Eſt de la terre de *Van Diemen*. Je ne découvris rien tout ce jour-là ; mais le lendemain, ſur les trois heures après midi, quand j'eus fait ſelon mon calcul environ vingt-quatre lieuës, je découvris un Navire faiſant route vers le *Sud-Eſt*. Je mis toutes mes voiles ; & au bout d'une demie heure, le Navire m'ayant apperçû, arbora ſon pavillon, & tira un coup de canon. Il n'eſt pas facile de repreſenter la joye que je reſſentis de l'eſperance que j'eus de revoir encore une fois mon aimable païs, & les chers gages que j'y avois laiſſés. Le Navire relâcha ſes voiles, & je le joignis à cinq ou ſix heures du ſoir, le 26. Septembre. J'étois tranſporté de joye de voir le pavillon d'Angleterre. Je mis mes vaches & mes moutons, dans les poches de mon juste-au-corps, & me rendis à bord avec toute ma petite cargaison de vivres. C'étoit un Vaisseau Marchand Anglois revenant du Japon par les Mers du Nord & du Sud, commandé par le Capitaine *Jean Bidell* de *Deptford*, fort honnête homme & excellent Marin. Il y avoit environ cinquante Hommes sur le Vaisseau, parmi lesquels je rencontrai un de mes anciens camarades, nommé *Pierre Williams*, qui parla avantageusement de moi au Capitaine. Ce galant homme me fit un très-bon accueil, & me pria de lui apprendre, d'où je venois & où j'allois ; ce que je fis en peu de mots : mais il crût que la fatigue & les périls que j'avois courus, m'avoient fait tourner la tête : surquoi je tirai mes vaches & mes moutons de ma poche ; ce qui le jetta dans un grand étonnement, en lui faisant voir la verité de ce que je lui venois de raconter. Je lui montrai les

les pieces d'or que m'avoit données le Roy de *Blefuscu*, aussi-bien que le portrait de Sa Majesté en grand, avec plusieurs autres raretés de ce païs. Je lui donnai deux bourses de deux cens *Spruggs* chacune, & promis à nôtre arrivée en Angleterre, de lui faire present d'une vache & d'une brebis pleine.

Je n'entretiendrai point le Lecteur du détail de ma route : nous arrivâmes aux *Dunes* le 13. d'Avril 1702. Je n'eus qu'un seul malheur, c'est que les rats du Vaisseau emportérent une de mes brebis. Je débarquai le reste de mon bétail en santé, & le mis paître dans un parterre de jeu de boule, à *Greenwich*.

Pendant le peu de temps que je restai en Angleterre, je fis un profit considerable, en montrant mes petits animaux à plusieurs gens de qualité, & même au Peuple : & avant que je commençasse mon second voyage, je les vendis six cens livres sterlings. Depuis mon dernier retour, j'en ai inutilement cherché la race que je croyois considerable-

Tome I. L

ment augmentée, sur tout les moutons ; j'esperois que cela tourneroit à l'avantage de nos Manufactures de laine, par la finesse des toisons.

Je ne restai que deux mois avec ma femme & ma famille : la passion insatiable de voir les Païs étrangers, ne me permit pas d'être plus long-tems sedentaire. Je laissai quinze cens livres sterlings à ma femme, & l'établis dans une bonne maison à *Redriff*: je portai le reste de ma fortune avec moi, partie en argent, & partie en Marchandises, dans la vûë d'augmenter mes fonds. Mon oncle *Jean* m'avoit laissé des terres, proche d'*Epping*, de trente livres sterlings de rente; & j'avois un long bail des *Taureaux noirs* en *Fetterlane*, qui me fournissoit le même revenu : ainsi je ne courois pas risque de laisser ma famille à la charité de la Paroisse. Mon fils *Jean*, ainsi nommé du nom de son oncle, apprenoit le Latin, & alloit au Collége; & ma fille Elisabeth (qui est à present mariée, & a des enfans,) s'appliquoit au travail de l'aiguille.

Je dis adieu à ma femme, à mon fils, & à ma fille; & malgré beaucoup de larmes qu'on versa de part & d'autre, je montai courageusement sur l'*Avanture*, Vaisseau Marchand de trois cens tonneaux, commandé par le Capitaine Jean Nicolas de *Leverpool*.

Tom. I. Pag. 125.

VOYAGES
DE GULLIVER.
SECONDE PARTIE.

VOYAGE
A BROBDINGNAG.

CHAPITRE PREMIER.

L'Auteur, après avoir essuyé une grande tempête, se met dans une Chaloupe pour descendre à terre, & est saisi par un des Habitans du Pays. Comment il en est traité. Idée du Pays & du Peuple.

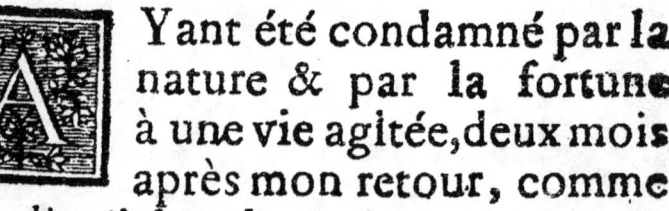Yant été condamné par la nature & par la fortune à une vie agitée, deux mois après mon retour, comme j'ai dit j'abandonnai encore mon

Païs natal, & je m'embarquai dans les Dunes le 20. Juin 1702. sur un Vaisseau nommé l'*Avanture*, dont le Capitaine *Jean Nicolas* de la Province de Cornoüaille, partoit pour Surate. Nous eûmes le vent très-favorable jusqu'à la hauteur du *Cap de Bonne Esperance*, où nous moüillâmes pour faire aiguade. Nôtre Capitaine se trouvant alors incommodé d'une fiévre intermittente, nous ne pûmes quiter le *Cap* qu'à la fin du mois de Mars. Alors nous remîmes à la voile, & nôtre voyage fût heureux jusqu'au détroit de *Madagascar*. Mais étant arrivez au Nord de cette Isle, les vents, qui dans ces Mers soufflent toûjours également entre le Nord & l'Oüest depuis le commencement de Decembre jusqu'au commencement de Mai, commencerent le 29. Avril à souffler très-violemment du côté de l'Oüest : ce qui dura vingt jours de suite, pendant lesquels nous fûmes poussés un peu à l'Orient des Isles *Moluques*, & environ à trois degrés au Nord de la ligne Equinoxiale, ce que nôtre Capitaine découvrit par son estimation faite le second jour de Mai que le vent cessa : mais étant homme très-experimenté dans la navigation de ces Mers, il nous ordonna de nous préparer pour le lendemain à une terrible tempête ; ce qui ne manqua pas d'arriver. Un vent de Sud appellé *Monson* commença à s'élever. Apprehendant que le vent ne devint trop fort, nous serrâmes la voile du beaupré, & mîmes à la cape pour serrer la mizene ; mais l'orage augmentant toûjours, nous fîmes attacher les canons & serrâmes la mizéne. Le Vaisseau étoit au large, & ainsi nous crûmes que le meilleur parti à prendre, étoit d'aller vent derriere. Nous rivâmes la mizéne, & bordâmes les écoutes ; le timon étoit devers le vent, & le Navire se gouvernoit bien. Nous mîmes hors la grande voile ; mais elle fut déchirée par la violence du temps. Après nous amenâmes la grande vergue pour la dégréer, & coupâmes tous les cordages & le robinet qui la tenoient. La Mer étoit très-haute, les vagues se brisant les unes contre les autres. Nous tirâmes les bras du timon, & aidâmes au Timonier, qui ne pouvoit gouverner seul. Nous ne voulions pas amener le mât du grand hunier, parce que le Vaisseau se gouvernoit mieux allant avec la Mer, & nous étions persuadés qu'il feroit mieux son chemin, le mât grée. Voyant que nous étions assés au large après la tempête, nous mîmes hors la mizene & la grande voile, & gouvernâmes auprès du vent. Aprés nous mîmes hors l'artimon, le grand & petit hunier. Nôtre route étoit Est-Nord-Est; le vend étoit au Sud-Oüest. Nous amarrâmes à tribord, & démarrâmes le bras devers le vent, brassâmes les boulines, & mîmes le Navire au plus près du vent, toutes les voiles portans. Pendant cet orage, qui fut suivi d'un vent impetueux d'Oüest-Sud-Oüest, nous fûmes poussés, selon mon calcul, environ cinq cens lieuës vers l'Orient; en sorte que le plus vieux & le plus experimenté des Mariniers, ne sçût nous dire en qu'elle partie du monde nous étions. Cependant les vivres ne nous manquoient pas, nôtre Vaisseau ne faisoit point d'eau, & nôtre équipage étoit en bonne santé ; mais nous étions réduits à une très-grande disette d'eau. Nous jugeâmes plus à propos de continuer la même route, que de tourner au Nord ; ce qui nous auroit peut-être portés aux parties de la *Grande Tartarie*, qui sont le plus au Nord-Oüest, & dans *la Mer Glaciale*.

Le seiziéme de Juin 1703. un garçon découvrit terre, du haut du Perroquet : le dix-septiéme nous vîmes clairement une grande Isle ou un Continent, (car nous ne sçûmes pas lequel des deux ;) sur le côté droit duquel il y avoit une petite langue de terre qui s'avançoit dans la Mer, & une petite Baye trop basse pour qu'un Vaisseau de plus de cent tonneaux pût y entrer. Nous jettâmes l'ancre à une lieuë de cette petite Baye ; nôtre Capitaine envoya douze hommes de son Equipage bien armés dans la Chaloupe, avec des vases pour l'eau, si l'on en pouvoit trouver. Je lui demandai la permission d'aller avec eux pour voir le Païs, & faire toutes les découvertes que je pourrois. Quand nous fûmes à terre, nous ne vîmes ni riviere, ni fontaine, ni aucuns vestiges d'habitans ; ce qui obligea nos gens à cotoyer le rivage pour chercher de l'eau fraîche proche de la Mer. Pour moi, je me promenai seul & avançai environ un mille dans les terres, où je ne remarquai qu'un Païs sterile & plein de rochers. Je commençois à me lasser, & ne voyant rien qui pût satisfaire ma curiosité, je m'en retournois doucement vers la petite Baye, lorsque je vis nos hommes sur la Chaloupe, qui sembloient tâcher à force de rames de sauver leurs vies ; & je remarquai en même temps qu'ils étoient poursuivis par un homme d'une grandeur prodigieuse. Quoi qu'il fut entré dans la Mer, il n'avoit de l'eau que jusqu'aux genoux, & faisoit des enjambées étonnantes : mais nos gens avoient pris le devant d'une demie lieuë; & la Mer étant en cet endroit pleine de rochers, le grand homme ne pût atteindre la Chaloupe. Pour moi, je me mis à fuïr aussi vîte que je pûs, & je grimpâi jusqu'au sommet d'une montagne escarpée, qui me donna le moïen de voir une partie du Païs. Je le trouvai parfaitement bien cultivé; mais ce qui me surprit d'abord, fut la grandeur de l'herbe qui me parût avoir plus de vingt pieds de hauteur.

Je pris un grand chemin, qui me parût tel, quoi qu'il ne fut pour les habitans qu'un petit sentier qui traversoit un champ d'orge. Là je marchai pendant quelque temps; mais je ne pouvois presque rien voir, le temps de la moisson étant proche, & les bleds étans hauts de quarante pieds au moins. Je marchai pendant une heure, avant que je pûsse arriver à l'extrêmité de ce champ, qui étoit enclos d'une haye haute au moins de cent vingt pieds; pour les arbres ils étoient si grands, qu'il me fut impossible d'en supputer la hauteur.

Je tâchois de trouver quelque ouverture dans la haye, quand je découvris un des Habitans, dans le champ prochain, de la même taille que celui que j'avois vû dans la mer poursuivant nôtre Chaloupe. Il me parût aussi haut qu'un clocher ordinaire, & il faisoit environ cinq toises à chaque enjambée, autant que je pûs conjecturer. Je fus frappé d'une fraïeur extrême, & je courus me cacher dans le blé, d'où je le vis arrêté à une ouverture de la haye, jettant les yeux çà & là, & appellant d'une voix plus grosse & plus retentissante, que si elle fut sortie d'un porte-voix: le son étoit si fort & si élevé dans l'air, que d'abord je crûs entendre le tonerre. Aussi-tôt sept hommes de sa taille s'avancerent vers lui, chacun une faucille à la main, chaque faucille étant de la grandeur de six faux. Ces gens n'étoient pas si bien habillés que le premier, dont ils sembloient être les Domestiques. Selon les ordres qu'il leur donna, ils allérent pour couper le blé dans le champ où j'étois couché. Je m'éloignai d'eux autant que je pûs ; mais je ne me remuois qu'avec une difficulté extrême, car les tuyaux du blé n'étoient pas quelquefois distants plus d'un pied l'un de l'autre, en sorte que je ne pouvois guéres marcher dans cette espece de forêt. Je m'avançai cependant vers un endroit du champ, où la pluye & le vent avoient couché le blé : il me fut alors tout-à-fait impossible d'aller plus loin, car les tuïaux étoient si entrelassés, qu'il n'y avoit pas moyen de ramper à travers ; & les barbes des épis tombés étoient si fortes & si pointuës, qu'elles me perçoient au travers de mon habit, & m'entroient dans la chair : cependant j'entendois les moissonneurs qui n'étoient qu'à cinquante toises de moi. Etant tout-à-fait épuisé & réduit au desespoir, je me couchai entre deux sillons, & je souhaittai d'y finir mes jo..., me representant ma veuve desolée, avec mes enfans orphelins, & déplorant ma folie qui m'avoit fait entreprendre ce second voyage, contre l'avis de tous mes amis, & de tous mes parens.

Dans cette terrible agitation, je ne pouvois m'empêcher de songer au païs de *Lilliput*, dont les Habitans m'avoient regardé comme le plus grand prodige qui avoit jamais paru dans le monde; où j'étois capable d'entraîner une Flotte entiere d'une seule main, & de faire d'autres actions merveilleuses, dont la mémoire sera éternellement conservée dans les chroniques de cet Empire, pendant que la posterité les croira avec peine, quoiqu'attestées par une Nation entiere. Je fis réflexion quelle mortification ce feroit pour moi, de paroître aussi méprisable aux yeux de la Nation parmi laquelle je me trouvois alors, qu'un *Lilliputien* le seroit parmi nous. Mais je regardois cela comme le moindre de mes malheurs :

car on remarque que les créatures humaines sont ordinairement plus sauvages & plus cruelles, à raison de leur taille ; & en faisant cette réflexion, que pouvois-je, attendre sinon d'être bien-tôt un morceau dans la bouche du premier de ces Barbares énormes qui me saisiroit ? En verité, les Philosophes ont raison, quand ils nous disent qu'il n'y a rien de grand ou de petit que par comparaison. Peut-être que les *Lilliputiens* trouveront quelque Nation plus petite à leur égard, qu'ils ne me le parûrent : & qui sçait si cette race prodigieuse de mortels, ne seroit pas une nation *Lilliputienne*, par rapport à celle de quelque Païs que nous n'avons pas encore découvert ? Mais effrayé & confus comme j'étois, je ne fis pas alors toutes ces reflexions Philosophiques.

Un des Moissonneurs s'approchant à cinq toises du sillon où j'étois couché, me fit craindre qu'en faisant encore un pas, je ne fusse écrasé sous son pied, ou coupé en deux par sa faucille : c'est pourquoi le voïant prêt de lever le pied & d'avancer, je me mis à jetter des cris pitoyables & aussi forts, que la frayeur dont j'étois saisi me le pût permettre : Aussi-tôt le Geant s'arrêta, & regardant autour & au dessous de lui avec attention, enfin il m'apperçût. Il me considera quelque temps avec la circonspection d'un homme qui tâche d'attraper un petit animal dangereux, d'une maniere qu'il n'en soit ni égratigné ni mordu, comme j'avois fait moi-même quelquefois à l'égard d'une Belette en Angleterre. Enfin, il eut la hardiesse de me prendre par les deux fesses, & de me lever à une toise & demie de ses yeux, afin d'observer ma figure plus exactement. Je devinai son intention, & je résolus de ne faire aucune résistance, tandis qu'il me tenoit en l'air à plus de soixante pieds de terre, quoi qu'il me serrât très-cruellement les fesses, par la crainte qu'il avoit que je ne glissasse d'entre ses doigts. Tout ce que j'osai faire, fut de lever mes yeux vers le Soleil,

de

de mettre mes mains dans la pofture d'un fuppliant, & de dire quelques mots d'un accent très-humble & très-trifte, conformément à l'état où je me trouvois alors : car je craignois à chaque inftant qu'il ne voulût m'écrafer, comme nous écrafons d'ordinaire certains petits animaux odieux, que nous voulons faire perir. Mais il parût content de ma voix & de mes geftes, & il commença à me regarder comme quelque chofe de curieux, étant bien furpris de m'entendre articuler des mots, quoi qu'il ne les comprît pas.

Cependant je ne pouvois m'empêcher de gémir & de verfer des larmes; & en tournant la tête, je lui faifois entendre autant que je pouvois, combien il me faifoit de mal par fon pouce & par fon doigt. Il me parût qu'il comprenoit la douleur que je reffentois; car levant un pan de fon jufte-au-corps, il me mit doucement dedans; & auffi-tôt il courut vers fon maître, qui étoit un riche Laboureur, & le même que j'avois vû d'abord dans le champ.

Le Laboureur prît un petit brin de paille, environ de la grosseur d'une canne dont nous nous appuyons en marchant, & avec ce brin leva les pans de mon juste-au-corps qu'il me parût prendre pour une espece de couverture que la nature m'avoit donnée. Il souffla mes cheveux pour mieux voir mon visage. Il appella ses valets, & leur demanda (autant que j'en pûs juger) s'ils avoient jamais vû dans les champs aucun animal qui me ressemblât. Ensuite il me plaça doucement à terre sur les quatre pattes; mais je me levai aussi-tôt, & marchai gravement, allant & venant, pour faire voir que je n'avois pas envie de m'enfuïr. Ils s'assirent tous en rond autour de moi, pour mieux observer mes mouvemens : j'ôtai mon chapeau, & je fis une révérence très-soûmise au Païsan, je me jettai à ses genoux, je levai les mains & la tête, & je prononçai plusieurs mots aussi fortement que je pûs. Je tirai une bourse pleine d'or de ma poche, & la lui présentai très-humblement. Il la reçût dans la paume de sa main, & la porta bien près de son œil pour voir ce que c'étoit, & ensuite la tourna plusieurs fois avec la pointe d'une épingle, qu'il tira de sa manche, mais il n'y comprît rien. Sur cela, je lui fis signe qu'il mit sa main à terre, & prenant la bourse, je l'ouvris & répandis toutes les pieces d'or dans sa main. Il y avoit six pieces Espagnoles de quatre pistoles chacune, sans compter vingt ou trente pieces plus petites. Je le vis moüiller son petit doigt sur sa langue, & lever une de mes pieces les plus grosses, & ensuite une autre ; mais il me sembla tout-à-fait ignorer ce que c'étoit. Il me fit signe de les remettre dans ma bourse, & la bourse dans ma poche.

Le Laboureur fut alors persuadé qu'il falloit que je fusse une petite créature raisonnable. Il me parla très-souvent, mais le son de sa voix m'étourdissoit les oreilles, comme celui d'un moulin à eau ; cependant ses mots étoient bien articu-

M ij

lés. Je répondis aussi fortement que je pûs en plusieurs Langues, & souvent il appliqua son oreille à une toise de moi, mais inutilement. Ensuite il renvoya ses gens à leur travail, & tirant son mouchoir de sa poche, il le plia en deux & l'étendit sur sa main gauche qu'il avoit mise à terre, me faisant signe d'entrer dedans; ce que je pûs faire aisément; car elle n'avoit pas plus d'un pié d'épaisseur. Je crûs devoir obeïr; & de peur de tomber, je me couchai tout de mon long sur le mouchoir dont il m'enveloppa; & de cette façon il m'apporta chés lui. Là il appella sa femme & me montra à elle; mais elle jetta des cris éfroiables & recula, comme font les femmes en *Angleterre* à la vûë d'un crapaut ou d'une araignée. Cependant lorsqu'au bout de quelque-temps elle eut vû toutes mes manieres, & comment j'observois les signes que faisoit son mari, elle commença à m'aimer très-tendrement.

Il étoit environ l'heure de midi,

A BROBDINGNAG.

& alors un Domestique servit le dîner. Ce n'étoit (suivant l'état simple d'un Laboureur) que de la viande grossiere dans un plat d'environ vingt-quatre piés de Diamétre. Le Laboureur, sa femme, trois enfans, & une vieille grand'-mere composoient la Compagnie. Lorsquils furent assis, le Fermier me plaça à quelque distance de lui sur la table, qui étoit à peu près haute de trente piés; je me tins aussi loin que je pûs du bord, de crainte de tomber. La Femme coupa un morceau de viande, ensuite elle émia du pain sur une assiette de bois quelle plaça devant moi. Je lui fis une reverence très-humble, & tirant mon couteau & ma fourchette, je me mis à manger; ce qui leur donna un très-grand plaisir. La Maîtresse envoya sa servante chercher une petite tasse qui servoit à boire des Liqueurs & qui contenoit environ douze pintes, & la remplit de boisson. Je levai le vase avec une grande difficulté; & d'une maniere très-respectueuse, je bûs à la santé de Madame, exprimant les mots auſſi fortement que je pouvois en Anglois : ce qui fit faire à la Compagnie de ſi grands éclats de rire, que peu s'en fallût que je n'en devinſſe ſourd. Cette boiſſon avoit à peu près le goût du petit cidre, & n'étoit pas deſagreable. Le Maître me fit ſigne de venir à côté de ſon aſſiette de bois : mais en marchant trop vîte ſur la table, une petite croute de pain me fit broncher & tomber ſur le viſage, ſans pourtant me bleſſer. Je me levai auſſi-tôt, & remarquant que ces bonnes gens en étoient fort touchés, je pris mon chapeau, & le faiſant tourner ſur ma tête, je fis trois acclamations pour marquer que je n'avois point reçû de mal. Mais en avançant vers mon Maître, (c'eſt le nom que je lui donnerai deſormais) le dernier de ſes fils, qui étoit aſſis le plus proche de lui, & qui étoit très-malin & âgé d'environ dix ans, me prit par les jambes, & me tint ſi haut dans l'air, que je me tremouſſai de tout mon corps. Son pere m'arracha d'entre ses mains, & en même-tems lui donna sur l'oreille gauche un si grand soufflet, qu'il en auroit presque renversé une Troupe de Cavalerie Européene; & en même-temps lui ordonna de se lever de table. Mais ayant à craindre que le garçon ne gardât quelque ressentiment contre moi, & me souvenant que tous les enfans chés nous sont naturellement méchans à l'égard des oiseaux, des lapins, des petits chats, & des petits chiens, je me mis à genoux & montrant le garçon au doigt, je me fis entendre à mon Maître autant que je pûs, & le priai de pardonner à son fils. Le Pere y consentit, & le garçon reprit sa chaise; alors je m'avançai jusqu'à lui, & lui baisai la main.

Au milieu du dîner le chat favori de ma Maîtresse sauta sur elle. J'entendis derriere moi un bruit ressemblant à celui de douze faiseurs de bas au métier, & tournant ma tête je trouvai que c'étoit un chat qui miauloit. Il me parût trois fois plus grand qu'un bœuf, comme je le jugeai en voyant sa tête & une de ses pattes, pendant que sa Maîtresse lui donnoit à manger, & lui faisoit des caresses. La ferocité du visage de cet animal me déconcerta tout-à-fait, quoi que je me tinsse au bout le plus éloigné de la table, à la distance de cinquante piés, & quoique ma Maîtresse tint le chat, de peur qu'il ne s'élançât sur moi. Mais il n'y eût point d'accident, & le chat m'épargna.

Mon Maître me plaça à une toise & demie du chat : & comme j'ai toûjours éprouvé que lorsque l'on fuit devant un animal féroce, ou que l'on paroît en avoir peur, c'est alors qu'on en est infailliblement poursuivi, je resolus de faire bonne contenance devant le chat, & de ne point paroître craindre ses griffes. Je marchai hardiment devant lui, & je m'avançai jusqu'à dix-huit pouces, ce qui le fit reculer, commé s'il eut eu lui-même peur de moi. J'eus moins d'appréhension des chiens. Trois ou quatre

tre entrerent dans la Salle, entre lesquels il y avoit un mâtin d'une grosseur égale à celle de quatre Elephans, & un lévrier un peu plus haut que le mâtin, mais moins gros.

Sur la fin du dîner la Nourrice entra portant entre ses bras un enfant de l'âge d'un an, qui aussi-tôt qu'il m'apperçût, poussa des cris si forts, qu'on auroit pû je crois les entendre facilement du *Pont de Londres* jusqu'à *Chelsea*. L'Enfant me regardant comme une poupée ou une babiole, crioit afin de m'avoir, pour lui servir de joüet. La mere m'éleva & me donna à l'enfant qui se saisit bien-tôt de moi & mit ma tête dans sa bouche, où je commençai à hurler si horriblement, que l'enfant effrayé me laissa tomber. Je me serois infailliblement cassé la tête, si la mere n'avoit pas tenu son tablier sous moi. La Nourrice, pour appaiser son poupon, se servit d'un hochet, qui étoit un gros pilier creux, rempli de grosses pierres & attaché par un cable au milieu du corps de l'enfant; mais cela ne pût l'appaiser, & elle se trouva réduite à se servir du dernier remede, qui fut de lui donner à tetter. Il faut avoüer que jamais objet ne me dégoûta, comme la vûë des tetons de cette Nourrice, & je ne sçai à quoi je puis les comparer.

Cela me fait penser aux tetons de nos Dames Angloises, qui sont si charmans, & qui ne nous paroissent tels, que parce qu'ils sont proportionnés à nôtre vûë & à nôtre taille: cependant le microscope qui les grossit, & nous en fait paroître plusieurs parties qui échapent à nos yeux, les enlaidit extrêmement. Tels me parurent les tetons énormes de cette Nourrice. C'est ainsi qu'étant à *Lilliput* une femme me disoit que je lui paroissois très-laid, qu'elle découvroit de grands trous dans ma peau, que les poils de ma barbe étoient dix fois plus forts que les soïes d'un Sanglier, & que mon teint composé de differentes couleurs, étoit tout-à-fait desagréable, quoi que je sois blond,

& que je passe pour avoir le teint assés beau.

Après le dîner, mon Maître alla retrouver ses Ouvriers ; & à ce que je pûs comprendre par sa voix & par ses gestes, il chargea sa femme de prendre un grand soin de moi. J'étois bien las & j'avois une grande envie de dormir ; ce que ma maîtresse appercevant, elle me mit dans son lit, & me couvrit avec un mouchoir blanc, mais plus large que la grande voile d'un Vaisseau de guerre.

Je dormis pendant deux heures, & songeai que j'étois chés moi avec ma femme & mes enfans, ce qui augmenta mon affliction quand je m'éveillai & me trouvai tout seul dans une chambre vaste de deux ou trois cens pieds de largeur, & de plus de deux cens de hauteur, & couché dans un lit large de dix toises. Ma Maîtresse étoit sortie pour les affaires de la maison, & m'avoit enfermé au verroüil. Le lit étoit élevé de quatre toises ; cependant quelques nécessités naturelles me pressoient de descendre, & je n'osois apeller : quand je l'eusse essayé, c'eut été inutilement, avec une voix comme la mienne, & y aïant une si grande distance de la chambre où j'étois, à la cuisine où la famille se tenoit. Sur ces entrefaites, deux rats grimperent le long des rideaux, & se mirent à courir sur le lit. L'un approcha de mon visage ; sur quoi je me levai tout effrayé & mis le sabre à la main pour me deffendre. Ces animaux horribles eurent l'insolence de m'attaquer des deux côtés ; mais je fendis le ventre à l'un, & l'autre s'enfuit. Après cet exploit, je me couchai pour me reposer, & reprendre mes esprits. Ces animaux étoient de la grosseur d'un mâtin, mais infiniment plus agiles & plus feroces ; en sorte que si j'eusse ôté mon ceinturon, & mis bas mon sabre, avant que de me coucher, j'aurois été infailliblement devoré par deux rats.

Bien-tôt après ma Maîtresse entra dans la Chambre, & me voyant tout couvert de sang, elle accourut, & me prit dans sa main. Je lui montrai avec mon doigt le rat mort, en soûriant & en faisant d'autres signes, pour lui faire entendre que je n'étois pas blessé ; ce qui lui donna de la joïe. Je tâchai de lui faire entendre que je souhaitois fort qu'elle me mit à terre, ce qu'elle fit ; mais ma modestie ne me permit pas de m'expliquer autrement, qu'en montrant du doigt la porte, & en faisant plusieurs révérences. La bonne femme m'entendit, mais avec quelque difficulté, & me reprenant dans sa main, alla dans le jardin où elle me mit à terre. Je m'éloignai environ à cent toises, & lui faisant signe de ne me pas regarder, je me cachai entre deux feüilles d'ozeille, & y fis ce que vous pouvés deviner.

CHAPITRE II.

Portrait de la Fille du Laboureur. L'Auteur est conduit à une Ville où il y avoit un Marché, & ensuite à la Capitale. Détail de son Voyage.

MA Maîtresse avoit une fille de l'âge de neuf ans, enfant qui avoit beaucoup d'esprit pour son âge. Sa mere, de concert avec elle, s'avisa d'accommoder pour moi le berceau de sa poupée avant qu'il fut nuit. Le berceau fut mis dans un petit tiroir de Cabinet, & le tiroir posé sur une tablette suspenduë, de peur des rats : ce fut-là mon lit, pendant tout le temps que je demeurai avec ces bonnes gens. Cette jeune fille étoit si adroite, qu'après que je me fus deshabillé une ou deux fois en sa presence, elle sçût m'habiller & me deshabiller quand il lui plaisoit, quoi que je ne lui donnasse cette peine que pour lui obéïr. Elle me fit six chemises, & d'autres fortes de linge de la toile la plus fine qu'on pût trouver (qui à la verité étoit plus grossiere que des toiles de Navire) & les blanchît toûjours elle-même. Ma Blanchisseuse étoit encore ma Maîtresse d'Ecole, qui m'apprenoit la Langue. Quand je montrois quelque chose du doigt, elle m'en disoit le nom aussi-tôt ; en sorte qu'en peu de temps je fus en état de demander presque tout ce que je souhaitois : elle avoit en vérité un très-bon naturel. Elle me donna le nom de *Grildrig*, mot qui signifie ce que les Latins appellent *Nanunculus*, les Italiens *Homunceletino*, & les Anglois *Mannikin*. C'est à elle que je fus redevable de ma conservation : nous étions toûjours ensemble ; je l'appellois *Glumdalclitch*, ou la petite nourrice ; & je serois coupable d'une très-noire ingratitude, si j'oubliois jamais ses soins & son affection pour moi : je souhaite de tout mon cœur être un jour en état de les reconnoître, au lieu d'être peut-être l'innocente, mais malheureuse cause de sa disgrace, comme j'ai trop de lieu de l'apprehender.

Il se répandit alors dans tout le païs que mon maître avoit trouvé un petit animal dans les champs, environ de la grosseur d'un *Splacknock* (animal de ce Païs long d'environ six piés) & de la même figure qu'une créature humaine; qu'il imitoit l'homme dans toutes ses actions, & sembloit parler une petite espece de langue qui lui étoit propre; qu'il avoit déja appris plusieurs de leurs mots, qu'il marchoit droit sur les deux pieds, étoit doux & traitable, venoit quand il étoit appellé, faisoit tout ce qu'on lui ordonnoit de faire, avoit les membres délicats, & un teint plus blanc & plus fin que celui de la fille d'un Seigneur, à l'âge de trois ans. Un Laboureur voisin & intime ami de mon Maître lui rendit visite exprès pour examiner la verité du bruit qui s'étoit répandu. On me fit venir aussi-tôt; on me mit sur une table, où je marchai comme on me l'or-

A BROBDINGNAG. 153

donna. Je tirai mon fabre, & le remis dans fon foureau. Je fis la révérence à l'ami de mon Maître, je lui demandai dans fa propre Langue comment il fe portoit, & lui dis qu'il étoit le bien venu; le tout fuivant les inftructions de ma petite maîtreffe. Cet homme à qui le grand âge avoit fort affoibli la vûë, mit fes lunettes pour me regarder mieux, fur quoi je ne pûs m'empêcher d'éclater de rire. Les gens de la famille, qui découvrirent la caufe de ma gayeté, fe prirent auffi à rire, de quoi le vieux penard fut affés bête pour fe fâcher. Il avoit l'air d'un avare, & il le fit bien paroître, par le confeil déteftable qu'il donna à mon Maître de me faire voir pour de l'argent, à quelque jour de Marché, dans la Ville prochaine, qui étoit éloignée de nôtre maifon environ de vingt-deux mille. Je devinai qu'il y avoit quelque deffein fur le tapis, lorfque je remarquai mon Maître & fon ami, parlant enfemble tout bas à l'oreille pendant un affés long-tems, & quelquefois me regardant & me montrant au doigt.

Le lendemain au matin *Glumdalclitch*, ma petite maîtresse, me confirma dans ma pensée en me racontant toute l'affaire, qu'elle avoit apprise de sa mere. La pauvre fille me mit dans son sein, & versa beaucoup de larmes. Elle apprehendoit qu'il ne m'arrivât du mal, que je ne fusse froissé, estropié, & peut-être écrasé par des hommes grossiers & brutaux qui me manieroient rudement. Comme elle avoit remarqué que j'étois modeste de mon naturel, & très-délicat dans tout ce qui regardoit mon honneur, elle gémissoit de me voir exposé pour de l'argent à la curiosité du plus bas peuple. Elle disoit que son *Papa* & sa *Maman* lui avoient promis que *Grildrig* seroit tout à elle; mais qu'elle voïoit bien qu'on la vouloit tromper, comme on avoit fait l'année derniere, quand on feignit de lui donner un Agneau, qui, quand il fut gras, fut vendu à un Boucher. Quant à moi, je puis dire en verité que j'eus moins de chagrin, que ma petite

A BROBDINGNAG.

Maîtresse. J'avois conçû de grandes esperances, qui ne m'abandonnerent jamais, que je recouvrerois un jour ma liberté : & à l'égard de l'ignominie d'être porté çà & là, comme un Monstre, je songeois qu'une telle disgrace ne me pouroit jamais être reprochée, & ne flétriroit point mon honneur, lorsque je serois de retour en Angleterre ; parce que le Roy même de la Grande-Bretagne, s'il se trouvoit en pareille situation, auroit un pareil sort.

Mon Maître suivant l'avis de son ami, me mit dans une caisse ; & le jour de marché suivant, me mena à la Ville prochaine, avec sa petite fille. La caisse étoit fermée de tous côtés, & étoit seulement percée de quelques trous pour laisser entre l'air. La fille avoit pris le soin de mettre sous moi le matelas du lit de sa poupée : cependant je fus horriblement agité & rudement secoué dans ce voyage, quoiqu'il ne durât pas plus d'une demie heure : le Cheval faisoit à chaque pas environ quarante piés, & trottoit si haut, que l'agitation étoit égale à celle d'un Vaisseau, dans une tempête furieuse ; le chemin étoit un peu plus long que de *Londres* à *S. Albans*. Mon Maître descendit de cheval à une Auberge, où il avoit coûtume d'aller ; & après avoir pris conseil avec l'Hôte, & avoir fait quelques préparatifs nécessaires, il loüa le *Glultrud* ou le Crieur public, pour donner avis à toute la Ville, d'un petit animal étranger, qu'on feroit voir à l'enseigne de l'*Aigle verte*, qui étoit moins gros qu'un *Splacknock*, & ressemblant dans toutes les parties de son corps à une creature humaine, qui pouvoit prononcer plusieurs mots, & faire une infinité de tours d'adresse.

Je fus posé sur une table dans la salle la plus grande de l'Auberge, qui étoit presque large de trois cens piés en carré. Ma petite Maîtresse se tenoit debout sur un tabouret bien près de la table, pour prendre soin de moi, & m'instruire de ce qu'il falloit faire. Mon Maître, pour éviter la foule & le desordre, ne voulut pas permettre que plus de trente personnes entrassent à la fois pour me voir. Je marchai çà & là sur la table, suivant les ordres de la fille : elle me fit plusieurs questions, qu'elle sçût être à ma portée, & proportionnées à la connoissance que j'avois de la Langue ; & je répondis le mieux & le plus haut que je pûs. Je me retournai plusieurs fois vers toute la Compagnie, & fis mille reverences. Je pris un dé plein de vin que *Glumdalclitch* m'avoit donné pour un gobelet, & je bûs à leur santé. Je tirai mon sabre & fis le moulinet, à la façon des Maîtres d'armes d'Angleterre. La fille me donna un bout de paille, dont je fis l'exercice comme d'une pique, ayant appris cela dans ma jeunesse. Je fus montré ce jour-là douze fois, & fûs obligé de repeter toûjours les mêmes choses, jusqu'à ce que je fûsse presque mort de lassitude, d'ennui & de chagrin.

Ceux qui m'avoient vû, firent de tous côtés des rapports si merveilleux, que le Peuple vouloit en-suite enfoncer les portes pour entrer. Mon Maître, ayant en vûë ses propres interêts, ne voulut permettre à personne de me toucher, excepté à ma petite Maîtresse : & pour me mettre plus à couvert de tout accident, on avoit rangé des bancs autour de la table, à une telle distance, que je ne fûsse à portée d'aucun Spectateur. Cependant un petit Ecolier malin, me jetta une noisette à la tête, & il s'en fallut peu qu'il ne m'attrapât. Elle fut jettée avec tant de force que, s'il n'eût pas manqué son coup, elle m'auroit infailliblement fait sauter la cervelle, car elle étoit presqu'aussi grosse qu'un melon : mais j'eus la satisfaction de voir le petit Ecolier chassé de la salle.

Mon Maître fit afficher, qu'il me feroit voir encore le jour de marché suivant ; cependant il me fit faire une voiture plus commode, vû que j'avois été si fatigué de mon premier voyage, & du spectacle que j'avois donné pendant huit heures de suite, que je ne pouvois plus me tenir debout, & que j'avois presque perdu la voix. Pour m'achever, lorsque je fûs de retour à la maison, tous les Gentilshommes du voisinage ayant entendu parler de moi, se rendirent à la maison de mon Maître. Il y en avoit un jour plus de trente avec leurs femmes & leurs Enfans: Car ce pays, aussi-bien que l'*Angleterre*, est peuplé de Gentilshommes fainéans & desœuvrés.

Mon Maître considerant le profit que je pouvois lui rapporter, resolut de me faire voir dans les Villes du Royaume les plus considerables. S'étant donc fourni de toutes les choses nécessaires à un long voyage, après avoir reglé ses affaires domestiques, & dit adieu à sa femme, le dix-septiéme Aoust 1703. environ deux mois après mon arrivée, nous partîmes pour nous rendre à la Capitale, située vers le milieu de cet Empire, & environ à quinze cens lieuës de nôtre demeure. Mon Maître fit monter sa fille en trousse derriere lui : elle me porta dans une boëte attachée autour de son corps, doublée du drap le plus fin qu'elle avoit pû trouver.

Le dessein de mon Maître fut de me faire voir sur la route, dans toutes les Villes, Bourgs, & Villages un peu fameux ; & de parcourir même les Châteaux de la Noblesse, qui l'éloigneroient peu de son chemin. Nous faisions de petites journées seulement de quatre-vingt ou cent lieuës ; car *Glumdalclitch*, exprès pour m'épargner de la fatigue, se plaignit qu'elle étoit bien incommodée du trot du cheval. Souvent elle me tiroit de la caisse pour me donner de l'air, & me faire voir le Pays. Nous passâmes cinq ou six Rivieres plus larges & plus profondes que le *Nil* & le *Gange* ; & il n'y avoit guéres de ruisseau qui ne fut plus grand que la *Tamise* au Pont de *Londres*. Nous fûmes trois semaines dans nôtre voyage, & je fus montré dans dix-huit grandes Villes, sans compter plusieurs Villages & plusieurs Châteaux

teaux de la campagne.

Le vingt-sixiéme jour d'Octobre nous arrivâmes à la Capitale appellée dans leur Langue *Lorbruldrud*, ou *l'Orgüeil de l'Univers*. Mon Maître loüa un appartement dans la ruë principale de la Ville, peu éloignée du Palais Royal; & distribua, selon la coûtume, des affiches contenant une description merveilleuse de ma personne & de mes talens. Il loüa une très-grande salle de trois ou quatre cens piés de large, où il plaça une table de soixante piés de diametre, sur laquelle je devois joüer mon rôle; il la fit entourer de pallissades pour m'empêcher de tomber en bas. C'est sur cette table qu'on me montra dix fois par jour, au grand étonnement & à la satisfaction de tout le peuple. Je sçavois alors passablement parler la langue, & j'entendois parfaitement tout ce qu'on disoit de moi: d'ailleurs j'avois appris leur alphabet, & je pouvois, quoiqu'avec peine, lire & expliquer les livres; car *Glumdalclitch* m'avoit donné des leçons chés son pere, & aux heures de loisir pendant nôtre voyage. Elle portoit un petit livre dans sa poche un peu plus gros qu'un volume d'*Atlas*, livre à l'usage des jeunes filles, & qui étoit une espece de Catéchisme en abregé : elle s'en servoit pour m'enseigner les lettres de l'alphabet, & elle m'en interpretoit les mots.

CHAPITRE III.

L'Auteur mandé pour se rendre à la Cour, la Reine l'achette, & le présente au Roy. Il dispute avec les Sçavans de Sa Majesté. On lui prepare un appartement. Il devient Favori de la Reine. Il soûtient l'honneur de son Pays. Ses querelles avec le Nain de la Reine.

LEs peines & les fatigues qu'il me falloit essuyer chaque jour, apportérent un changement considerable à ma santé. Car plus mon Maître gagnoit, plus il devenoit insatiable. J'avois perdu entierement l'appetit, & j'étois presque devenu un squelette. Mon Maître s'en apperçût, & jugeant que je mourrois bien-tôt, resolut de me faire valoir autant qu'il pouroit. Pendant qu'il raisonnoit de cette façon, un *Slardral* ou Ecuyer du Roy, vint ordonner à mon Maître de m'amener incessamment à la Cour, pour le divertissement de la Reine, & de toutes ses Dames. Quelques-unes de ces Dames m'avoient déja vû, & avoient rapporté des choses merveilleuses de ma figure mignonne, de mon maintien gracieux & de mon esprit délicat. Sa Majesté & sa suite furent extrêmement divertis de mes manieres. Je me mis à genoux & demandai d'avoir l'honneur de baiser son pié Roïal. Mais cette Princesse gracieuse me presenta son petit doigt, que j'embrassai entre mes deux bras, & dont j'appliquai le bout avec respect à mes lévres. Elle me fit des questions generales touchant mon pays & mes voyages, ausquelles je répondis aussi distinctement & en aussi peu de mots que je pûs. Elle me demanda si je serois bien-aise de vivre à la Cour; je fis la révérence jusqu'au bas de la table sur laquelle j'étois monté, & répondis humblement que j'étois l'esclave de mon Maitre, mais que s'il ne dépendoit que de moi, je serois charmé de consacrer ma vie au service de Sa Majesté. Elle demanda ensuite à mon Maître, s'il vouloit me vendre. Lui qui s'imaginoit que je n'avois pas un mois à vivre, fut ravi de la proposition & fixa le prix de ma vente à mille pieces d'or, qu'on lui compta sur le champ. Je dis alors à la Reine que puisque j'étois devenu un humble esclave de Sa Majesté, je lui demandois la grace, que *Glumdalchitch* qui avoit toûjours eû pour moi tant d'attention, d'amitié & de soin, fut admise à l'honneur de son Service ; & continuât d'être ma gouvernante. Sa Majesté y consentit & y fit consentir aussi le Laboureur, qui étoit bien-aise de voir sa fille à la Cour. Pour la pauvre fille elle ne pouvoit cacher sa joye. Mon Maître se retira, & me dit en partant qu'il me laissoit dans un bon endroit : à quoi je ne repliquai que par une révérence cavaliere.

La Reine remarqua la froideur avec laquelle j'avois reçû le compliment & l'adieu du Laboureur,

& m'en demanda la cause : je pris la liberté de répondre à Sa Majesté, que je n'avois point d'autre obligation à mon dernier Maître, que celle de n'avoir pas écrasé un pauvre animal innocent trouvé par hazard dans son champ ; que ce bien-fait avoit été assés bien païé par le profit qu'il avoit fait en me montrant pour de l'argent & par le prix qu'il venoit de recevoir en me vendant ; que ma santé étoit très-alterée par mon esclavage & par l'obligation continuelle d'entretenir & d'amuser le menu peuple à toutes les heures du jour ; & que si mon Maître n'avoit pas crû ma vie en danger, Sa Majesté ne m'auroit pas eu à si bon marché : mais que comme je n'avois pas lieu de craindre d'être desormais si malheureux, sous la protection d'une Princesse si grande & si bonne, l'ornement de la nature, l'admiration du monde, les délices de ses Sujets, & le Phœnix de la création, j'esperois que l'apprehension, qu'avoit euë mon dernier Maître, seroit vaine, puisque je trouvois déja mes esprits ranimés par l'influence de sa présence très-auguste.

Tel fut le sommaire de mon discours, prononcé avec plusieurs barbarismes, & en hésitant souvent.

La Reine qui excusa avec bonté les défauts de ma harangue, fut surprise de trouver tant d'esprit & de bon sens dans un petit animal : elle me prit dans ses mains, & sur le champ me porta au Roy, qui étoit alors retiré dans son cabinet. Sa Majesté, Prince très-serieux & d'un visage austere, ne remarquant pas bien ma figure à la premiere vûë, demanda froidement à la Reine, depuis quand elle étoit devenuë si amoureuse d'un *Splacknock*, (car il m'avoit pris pour cet insecte.) Mais la Reine qui avoit infiniment de l'esprit, me mit doucement debout sur l'écritoire du Roy, & m'ordonna de dire moi-même à Sa Majesté ce que j'étois. Je le fis en très-peu de mots : & *Glumdalclitch* qui étoit restée à la porte du Cabinet, ne pouvant pas souffrir que je fusse long-tems hors de sa préfence, entra & dit à Sa Majesté, comment j'avois eté trouvé dans un champ.

Le Roy, aussi sçavant qu'aucune personne de ses Etats, avoit été élevé dans l'étude de la Philosophie, & sur tout des Mathematiques; cependant quand il vit de près ma figure & ma démarche, avant que j'eusse commencé à parler, il s'imagina que je pourrois être une machine artificielle comme celle d'un tournebroche, ou tout au plus d'une horloge inventée & executée par un habile Artiste. Mais quand il eut entendu ma voix, & qu'il eut trouvé du raisonnement dans les petits sons que je rendois, il ne pût cacher son étonnement & son admiration.

Il envoïa chercher trois fameux Sçavans, qui alors étoient de quartier à la Cour, & dans leur semaine de service (selon la coûtume admirable de ce païs.) Ces Messieurs, après avoir examiné ma figure avec beaucoup d'exactitude, raisonnerent differemment sur mon sujet.

Ils convenoient tous que je ne pouvois pas être produit suivant les Loix ordinaires de la nature, parce que j'étois dépourvû de la faculté naturelle de conserver ma vie, soit par l'agilité, soit par la facilité de grimper sur un arbre, soit par le pouvoir de creuser la terre, & d'y faire des trous pour m'y cacher comme les lapins. Mes dents, qu'ils considererent longt-temps, les firent conjecturer que j'étois un animal carnassier.

Un de ces Philosophes avança que j'étois un Embryon, un pur avorton. Mais cet avis fut rejetté par les deux autres qui observerent que mes membres étoient parfaits & achevés dans leur espece, & que j'avois vêcu plusieurs années ; ce qui parût évident par ma barbe, dont les poils se découvroient avec un Microscope. On ne voulut pas avoüer que j'étois un Nain, parce que ma petitesse étoit hors de comparaison : car le Nain favori de la Reine, le plus petit qu'on eut jamais vû dans ce Royaume, avoit près de trente pieds de haut. Après un grand débat, on conclut unanimement que je n'étois qu'un *Relplum fcalcath*, qui étant interpreté litteralement, veut dire *lufus naturæ*; décision très-conforme à la Philosophie moderne de l'Europe, dont les Professeurs dédaignant le vieux subterfuge des *causes occultes*, à la faveur duquel les Sectateurs *d'Aristote* tâchent de masquer leur ignorance, ont inventé cette solution merveilleuse de toutes les difficultés de la Phisique. Admirable progrès de la science humaine!

Après cette conclusion décisive, je pris la liberté de dire quelques mots: je m'adressai au Roi, & protestai à Sa Majesté que je venois d'un païs, où mon espece étoit répandue en plusieurs millions d'individus des deux sexes, où les animaux, les arbres, & les maisons étoient proportionnés à ma petitesse, & où par conséquent je pouvois être aussi-bien en état de me défendre & de trouver ma nourriture, mes besoins & mes commodités, qu'aucun des Sujets de Sa Majesté. Cette réponse fit sourire dédaigneusement les Philosophes, qui repliquerent que le Laboureur m'avoit bien instruit, & que je sçavois ma leçon. Le Roy qui avoit un esprit bien plus éclairé, congediant ses Sçavans, envoya chercher le Laboureur, qui par bonheur n'étoit pas encore sorti de la Ville. L'ayant donc d'abord examiné en particulier, & puis l'ayant confronté avec moi & avec la jeune fille, Sa Majesté commença à croire que ce que je lui avois dit pouvoit être vrai. Il pria la Reine de donner ordre qu'on prit un soin particulier de moi, & fut d'avis qu'il me falloit laisser sous la conduite de *Glumdalclitch*, ayant remarqué que nous avions une grande affection l'un pour l'autre.

La Reine donna ordre à son Ebéniste de faire une boëte, qui me pût servir de chambre à coucher, suivant le modéle que *Glumdalclitch* & moi lui donnerions. Cet homme qui étoit un ouvrier très-adroit, me fit en trois semaines une chambre de bois, de seize pieds en quarré, & de douze de haut, avec des fenêtres, une porte & deux cabinets.

Un ouvrier excellent, qui étoit celebre pour les petits bijoux curieux, entreprit de me faire deux chaises d'une matiere semblable à l'Ivoire, & deux tables, avec une armoire pour mettre mes hardes: ensuite la Reine fit chercher chés les Marchands les étoffes de soye les plus fines, pour me faire des habits.

Cette Princesse goûtoit si fort mon entretien, qu'elle ne pouvoit dîner sans moi ; j'avois une table placée sur celle où Sa Majesté mangeoit, avec une chaise sur laquelle je me pouvois asseoir. *Glumdalclicth* étoit debout sur un tabouret près de la table, pour pouvoir prendre soin de moi.

Un jour le Prince, en dînant, prit plaisir à s'entretenir avec moi, me faisant des questions touchant les Mœurs, la Religion, les Loix, le Gouvernement, & la Litterature de l'Europe, & je lui en rendis compte le mieux que je pûs. Son esprit étoit si pénetrant, & son jugement si solide, qu'il fit des réflexions & des observations très-sages sur tout ce que je lui dis. Lui ayant parlé des deux partis qui divisent l'Angleterre, il me demanda si j'étois un *Wight* ou un *Tory*. Puis se tournant vers son premier Ministre, qui se tenoit derriere lui, ayant à la main un bâton blanc presque aussi haut que le grand mât du *Souverain Royal*; Helas, dit-il, que la grandeur humaine est peu de chose, puisque de vils insectes ont aussi de l'ambition, avec des rangs & des distinctions parmi eux ! Ils ont de petits lambeaux dont ils se parent, des trous, des cages, des boëtes, qu'ils appellent des Palais & des Hôtels; des Equipages, des Livrées, des Titres, des Charges, des occupations, des passions, comme nous. Chés eux on aime, on hait, on trompe, on trahit, comme ici. C'est ainsi que Sa Majesté philosophoit, à l'occasion de ce que je lui avois dit de l'Angleterre; & moi j'étois confus, & indigné, de voir ma Patrie, la Maîtresse des Arts, la Souveraine des Mers, l'arbitre de l'Europe, la gloire de l'Univers, traitée avec tant de mépris.

Il n'y avoit rien qui m'offençât, & me chagrinât plus que le Nain de la Reine, qui étant de la taille la plus petite qu'on eut jamais vûë dans ce païs, devint d'une insolence extrême, à la vûë d'un homme beaucoup plus petit que lui. Il me regardoit d'un air fier & dédaigneux, & railloit sans cesse de ma petite figure. Je ne m'en vangeai, qu'en l'appellant *Frere*. Un jour pendant le dîner, le malicieux Nain prenant le temps que je ne pensois à rien, me prit par le milieu du corps, m'enleva & me laissa tomber dans un plat de lait, & aussi-tôt s'enfuit. J'en eus par dessus les oreilles; & si je n'avois été un nageur excellent, j'aurois été infailliblement noyé. *Glumdalclitch* dans ce moment étoit par hazard à l'autre extrêmité de la chambre. La Reine fut si consternée de cet accident, qu'elle manqua de presence d'esprit pour m'assister : mais ma petite Gouvernante courut à mon secours, & me tira adroitement hors du plat, après que j'eus avalé plus d'une pinte de lait. On me mit au lit ; cependant je ne reçûs d'autre mal, que la perte d'un habit qui fut tout-à-fait gâté. Le Nain fut bien foüetté, & je pris quelque plaisir à voir cette exécution.

Je vais maintenant donner au Lecteur une legere description de ce païs, autant que je l'ai pû connoître par ce que j'en ai parcouru. Toute l'étenduë du Royaume est environ de trois mille lieuës de long, & de deux mille cinq cens lieuës de large ; d'où je conclus que nos Geographes de l'*Europe* se trompent, lorsqu'ils croyent qu'il n'y a que la mer entre le *Japon* & la *Californie*. Je me suis toûjours imaginé qu'il devoit y avoir de ce côté-là un grand continent, pour servir de contre-poids au grand continent de *Tartarie* ; on doit donc corriger les Cartes, & joindre cette vaste étenduë de païs aux parties Nord-Ouëst de l'Amerique, sur quoi je suis prêt d'aider les Geographes de mes lumieres. Ce Royaume est une presqu'Isle terminée vers le Nord par une chaîne de montagnes, qui ont environ trente milles de hauteur, & dont l'on ne peut aprocher, à cause des Volgans qui y sont en grand nombre sur la cime.

Les plus Sçavants ne sçavent quelle espece de mortels habitent au de-là de ces montagnes, ni même s'il y a des habitans. Il n'y a aucun port dans tout le Royaume, & les endroits de la Côte, où les rivieres vont se perdre dans la Mer, sont si pleins de rochers hauts & escarpés, & la Mer y est ordinairement si agitée, qu'il n'y a presque personne qui ose y aborder; en sorte que ces peuples sont exclus de tout commerce avec le reste du monde. Les grandes rivieres sont pleines de poissons excellents; aussi c'est très-rarement qu'on pêche dans l'Ocean, parce que les poissons de

Mer, sont de la même grosseur que ceux de l'*Europe*, & par rapport à eux ne meritent pas la peine d'être péchés ; d'où il est évident que la nature, dans la production des plantes & des animaux d'une grosseur si énorme, se borne tout-à-fait à ce continent, & sur ce point je m'en rapporte aux Philosophes. On prend néanmoins quelquefois sur la Côte des baleines, dont le petit peuple se nourrit & même se régale. J'ai vû une de ces baleines qui étoit si grosse, qu'un homme du païs avoit de la peine à la porter sur ses épaules. Quelquefois par curiosité on en apporte dans des paniers à *Lorbrulgrud* : j'en ai vû une dans un plat sur la table du Roy.

Le païs est très-peuplé, car il contient cinquante-une Villes, près de cent Bourgs entourés de murailles, & un bien plus grand nombre de Villages, & de Hameaux. Pour satisfaire le Lecteur curieux, il suffira peut-être de donner la description de *Lorbrulgrud*. Cette Ville est située sur une riviere qui la traverſe, & la diviſe en deux parties preſqu'égales. Elle contient plus de quatre-vingt mille maiſons & environ ſix cens mille habitans. Elle a en longueur trois *Glonglungs* (qui font environ cinquante-quatre milles d'Angleterre) & deux & demi en largeur, ſelon la meſure que j'en pris ſur la carte Royale, dreſſée par les ordres du Roy, qui fut étenduë ſur la terre exprès pour moi, & étoit longue de cent pieds.

Le Palais du Roy eſt un bâtiment aſſés peu régulier. C'eſt plûtôt un amas d'édifices qui a environ ſept milles de circuit ; les chambres principales ſont hautes de deux cens quarante pieds, & larges à porportion.

On donna un caroſſe à *Glumdalclitch* & à moi, pour voir la Ville, ſes Places & ſes Hôtels. Je ſuppûtai que nôtre carroſſe étoit environ en quarré comme la ſalle de *Weſtminſter*, mais pas tout-à-fait ſi haut. Un jour nous fîmes arrêter le carroſſe à pluſieurs boutiques, où les mendians profitant de l'occaſion,

A BROBDINGNAG. 179

se rendirent en foule aux portieres, & me fournirent les spectacles les plus affreux qu'un œil *Anglois* ait jamais vûs. Comme ils étoient difformes, estropiés, sales, mal-propres, couverts de plaïes, de tumeurs & de vermine, & que tout cela me paroissoit d'une grosseur énorme, je prie le Lecteur de juger de l'impression que ces objets firent sur moi, & de m'en épargner la description.

Les Filles de la Reine prioient souvent *Glumdalclitch* de venir dans leurs appartemens, & de m'y porter avec elle, pour avoir le plaisir de me voir de près & de me toucher. Souvent elles me dépoüilloient de mes habits, & me mettoient nud de la tête jusqu'aux piés, pour mieux considerer la délicatesse de mes membres. En cet état elles me flâtoient, me mettoient quelquesfois dans leur sein, & me faisoient mille petites caresses. Mais aucunes d'elles n'avoit la peau si douce que *Glumdalclitch*.

Je suis persuadé qu'elles n'avoient pas de mauvaises intentions ; elles me traitoient sans céremonie, comme une creature sans conséquence. Elles se deshabilloient sans façon, & ôtoient même leur chemise en ma presence, sans prendre les précautions qu'exige la bienséance & la pudeur. J'étois pendant ce temps-là placé sur leurs toilettes, vis-à-vis d'elles*, & étois obligé malgré moi de les voir toutes nuës. Je dis malgré moi, car en vérité cette vûë ne me causoit aucune tentation, & pas le moindre plaisir. Leur peau me sembloit rude, peu unie, & de differentes couleurs, avec des taches çà & là aussi larges qu'une assiette; leurs longs cheveux pendans sembloient des paquets de ficelles; je ne dis rien touchant d'autres endroits de leurs corps; d'où il faut conclure que la beauté des femmes, qui nous cause tant d'émotion, n'est qu'une chose imaginaire, puisque les femmes de l'Europe ressembleroient à ces femmes dont je viens de parler, si nos yeux étoient des microscopes. Je supplie le beau sexe de mon païs de ne me point sçavoir mauvais gré de cette observation. Il importe peu aux belles d'être laides, pour des yeux perçans qui ne les verront jamais. Les Philosophes sçavent bien ce qui en est; mais lorsqu'ils voïent une beauté, ils voïent comme tout le monde, & ne sont plus Philosophes.

La Reine qui m'entretenoit souvent de mes voyages sur Mer, cherchoit toutes les occasions possibles de me divertir, quand j'étois mélancolique. Elle me demanda un jour si j'avois l'adresse de manier une voile & une rame, & si un peu d'exercice en ce genre ne seroit pas convenable à ma santé. Je répondis, que j'entendois tous les deux assés bien. Car quoi que mon particulier Emploi eut été celui de Chirurgien, c'est-à-dire Medecin de Vaisseau; je m'étois trouvé souvent obligé de travailler comme un Matelot; mais j'ignorois comment cela se pratiquoit dans ce païs, où la plus petite barque étoit égale à un Vaisseau de guerre du premier rang parmi nous; d'ailleurs un Navire proportionné à ma grandeur & à mes forces, n'auroit pû flotter longtems sur leurs rivieres, & je n'aurois pû le gouverner. Sa Majesté me dit, que si je voulois, son Menuisier me feroit une petite barque, & qu'elle me trouveroit un endroit où je pourrois naviguer. Le Menuisier suivant mes instructions, dans l'espace de dix jours, me construisit un petit Navire avec tous ses cordages, capable de tenir commodément huit *Européens*. Quand il fut achevé, la Reine donna ordre au Menuisier de faire une auge de bois longue de trois cens pieds, large de cinquante, & profonde de huit; laquelle étant bien gaudronnée pour empêcher l'eau de s'échaper, fut posée sur le plancher, le long de la muraille, dans une salle exterieure du Palais. Elle avoit un robinet bien près du fond, pour laisser sortir l'eau de temps en temps, & deux domestiques la pouvoient remplir dans une demie heure de temps. C'est là que l'on me fit ramer pour mon divertissement, aussi-bien que pour celui de la Reine & de ſes Dames, qui prirent beaucoup de plaiſir à voir mon adreſſe & mon agilité. Quelquefois je hauſſois ma voile, & puis c'étoit mon affaire de gouverner, pendant que les Dames me donnoient un coup de vent avec leurs éventails ; & quand elles ſe trouvoient fatiguées, quelques-uns des Pages pouſſoient & faiſoient avancer le Navire avec leur ſouffle, tandis que je ſignalois mon adreſſe à ſtribord & à bas-bord, ſelon qu'il me plaiſoit. Quand j'avois fini, *Glumdalclith* reportoit mon navire dans ſon cabinet, & le ſuſpendoit à un clou, pour ſécher.

Dans cet exercice, il m'arriva une fois un accident qui penſa me coûter la vie ; car un des Pages ayant mis mon Navire dans l'auge, une femme de la ſuite de *Glumdalclitch*, me leva très-officieuſement pour me mettre dans le Navire ; mais il arriva que je gliſſai d'entre ſes doigts, & j'aurois infailliblement tombé de la hauteur de quarante pieds ſur le plancher, ſi par le plus heureux accident du monde, je n'eusse pas été arrêté par une grosse épingle qui étoit fichée dans le tablier de cette femme ; la tête de l'épingle passa entre ma chemise & la ceinture de ma culote, & ainsi je fus suspendu en l'air par mon derriere, jusqu'à ce que *Glumdalclitch* accourut à mon secours.

Une autrefois, un des domestiques, dont la fonction étoit de remplir mon auge d'eau fraîche de trois jours en trois jours, fut si négligent qu'il laissa échaper de son sceau une grenoüille très-grosse, sans l'appercevoir. La grenoüille se tint cachée, jusqu'à ce que je fusse dans mon Navire ; alors voyant un endroit pour se reposer, elle y grimpa & le fit tellement pancher, que je me trouvai obligé de faire le contreppoids de l'autre côté, pour empêcher le Navire de s'enfoncer ; mais je l'obligeai à coups de rames de sauter dehors.

Voici le plus grand peril que je courus dans ce Royaume. *Gumdalclitch* m'avoit enfermé au verroüil

dans

dans son cabinet, étant sortie pour des affaires, ou pour faire une visite. Le temps étoit très-chaud, & la fenêtre du cabinet étoit ouverte, aussi-bien que les fenêtres & la porte de ma boëte : pendant que j'étois assis tranquillement & mélancoliquement près de ma table, j'entendis quelque chose entrer dans le cabinet par la fenêtre & sauter çà & là. Quoi que j'en fusse un peu alarmé, j'eus le courage de regarder dehors, mais sans abandonner ma chaise; & alors je vis un animal capricieux bondissant & sautant de tous côtés, qui enfin s'approcha de ma boëte, & la regarda avec une apparence de plaisir & de curiosité, mettant sa tête à la porte & à chaque fenêtre. Je me retirai au coin le plus éloigné de ma boëte; mais cet animal, qui étoit un singe, regardant dedans de tous côtés, me donna une telle frayeur, que je n'eus pas la présence d'esprit de me cacher sous mon lit, comme je pouvois faire très-facilement. Après bien des grimaces & des gambades, il me découvrit, & fourrant une de ses pattes par l'ouverture de la porte, comme fait un chat qui jouë avec une souris, quoique je changeâsse souvent de lieu pour me mettre à couvert de lui, il m'attrappa par les pans de mon juste-au-corps, (qui étant fait du drap de ce pays, étoit épais & très-fort) & me tira dehors. Il me prit dans sa patte droite, & me tint comme une nourrice tient un enfant qu'elle va allaiter, & de la même façon que j'ai vû la même espece d'animal faire avec un jèune chat en Europe. Quand je me debattois, il me pressoit si fort, que je crûs que le parti le plus sage étoit de me soumettre, & d'en passer par tout ce qui lui plairoit. J'ai quelque raison de croire qu'il me prit pour un jeune singe, parce qu'avec son autre patte il flâtoit doucement mon visage.

Il fut tout-à-coup interrompu par un bruit à la porte du cabinet, comme si quelqu'un eut taché de l'ouvrir: soudain il sauta à la fenêtre par laquelle il étoit entré, &

de-là sur les goutieres, marchant sur trois pattes, & me tenant dans la quatriéme, jusqu'à ce qu'il eut grimpé à un toit attenant au nôtre. J'entendis dans l'instant jetter des cris pitoyables à *Glumdalclitch*. La pauvre fille étoit au desespoir, & ce quartier du Palais se trouva tout en tumulte : les domestiques coururent chercher des échelles ; le singe fut vû par plusieurs personnes, assis sur le faîte d'un bâtiment, me tenant comme une poupée dans une de ses pattes de devant, & me donnant à manger avec l'autre, fourrant dans ma bouche quelques viandes qu'il avoit attrappées, & me tapant quand je ne voulois pas manger : ce qui faisoit beaucoup rire la canaille, qui me regardoit d'en bas, en quoi ils n'avoient pas tort ; car, excepté pour moi, la chose étoit assés plaisante. Quelques-uns jetterent des pierres, dans l'esperance de faire descendre le singe ; mais on deffendit de continuer, de peur de me casser la tête.

Les échelles furent appliquées,

& plusieurs hommes monterent, Aussi-tôt le singe effrayé décampa, & me laissa tomber sur une goutiere. Alors un des laquais de ma petite Maîtresse, honnête garçon, grimpa & me mettant dans la poche de sa culotte, me fit descendre en sûreté.

J'étois presque suffoqué des ordures que le singe avoit fourrées dans mon gosier : mais ma chere petite Maîtresse me fit vomir ; ce qui me soulagea. J'étois si foible, & si froissé des embrassades de cet animal, que je fus obligé de me tenir au lit pendant quinze jours. Le Roy & toute la Cour envoyerent chaque jour, pour demander des nouvelles de ma santé & la Reine me fit plusieurs visites pendant ma maladie. Le singe fut mis à mort, & un ordre fut porté, faisant deffense d'entretenir désormais aucun animal de cette espece auprès du Palais. La premiere fois que je me rendis auprès du Roy, après le rétablissement de ma santé, pour le remercier de ses bontés, il me fit l'honneur de railler beaucoup sur cette avanture : il me demanda quels étoient mes sentimens & mes réflexions, pendant que j'étois entre les pattes du singe ; de quel goût étoient les viandes qu'il me donnoit, & si l'air frais que j'avois respiré sur le toit n'avoit pas aiguisé mon appetit. Il souhaita fort de sçavoir ce que j'aurois fait en une telle occasion dans mon païs. Je dis à Sa Majesté, qu'en *Europe* nous n'avions point de singes, excepté ceux qu'on apportoit des Païs étrangers, & qui étoient si petits, qu'ils n'étoient point à craindre ; & qu'à l'égard de cet animal énorme à qui je venois d'avoir affaire (il étoit en verité aussi gros qu'un éléphant) si la peur m'avoit permis de penser aux moïens d'user de mon sabre (à ces mots, je pris un air fier, & mis la main sur la poignée de mon sabre) quand il a fourré sa patte dans ma chambre, peut-être je lui aurois fait une telle blessure, qu'il auroit été bien-aise de la retirer plus promptement qu'il ne l'avoit avancée. Je prononçai ces mots avec un accent ferme, comme une personne jalouse de son honneur, & qui se sent. Cependant mon discours ne produisit rien qu'un éclat de rire, & tout le respect dû à Sa Majesté de la part de ceux qui l'environnoient, ne pût les retenir. Ce qui me fit réfléchir sur la sottise d'un homme qui tâche de se faire honneur à lui-même, en presence de ceux qui sont hors de tous les degrés d'égalité ou de comparaison avec lui. Et cependant ce qui m'arriva alors, je l'ai vû souvent arriver en Angleterre, où un petit homme de néant se vante, s'en fait accroire, tranche du petit Seigneur, & ose prendre un air important, avec les plus Grands du Royaume, parce qu'il a quelque talent.

Je fournissois tous les jours à la Cour le sujet de quelque conte ridicule, & *Glumdalclitch*, quoi qu'elle m'aimât extrêmement, étoit assés méchante pour instruire la Reine, quand je faisois quelque sottise qu'elle croïoit pouvoir réjouir Sa Majesté. Par exemple, étant un jour descendu de carosse à la promenade où j'étois avec *Glumdalclitch*, porté par elle dans ma boëte de voyage, je me mis à marcher : il y avoit de la bouze de vache dans un sentier ; je voulus pour faire parade de mon agilité, faire l'essai de sauter par dessus ; mais par malheur je sautai mal, & tombai au beau milieu, en sorte que j'eus de l'ordure jusqu'aux genoux. Je me tirai avec peine, & un des laquais me nettoïa comme il pût avec son mouchoir. La Reine fut bien-tôt instruite de cette avanture impertinente, & les laquais la divulguerent par tout.

CHAPITRE VI.

Différentes inventions de l'Auteur pour plaire au Roy & à la Reine. Le Roy s'informe de l'Etat de l'Europe, dont l'Auteur lui donne la relation. Les Observations du Roy, sur cet article.

J'Avois coutume de me rendre au lever du Roy une ou deux fois la semaine, & je m'y étois trouvé souvent lors qu'on le rasoit : ce qui au commencement me faisoit trembler, le rasoir du barbier étant près de deux fois plus long qu'une faux. Sa Majesté, selon l'usage du pays, n'étoit rasée que deux fois par semaine. Je demandai une fois au barbier quelques poils de la barbe de Sa Majesté. M'en ayant fait present, je pris un petit morceau de bois, & y faisant plusieurs trous à une distance égale avec une aiguille, j'y attachai les poils si adroitement, que je m'en fis un peigne;

ce

ce qui me fut d'un grand secours, le mien étant rompu & devenu presque inutile ; & n'ayant trouvé dans le païs aucun ouvrier capable de m'en faire un autre.

Je me souviens d'un amusement que je me procurai vers le même-temps. Je priai une des femmes de chambre de la Reine, de recueillir les cheveux fins, qui tomboient de la tête de Sa Majesté, quand on la peignoit, & de mes les donner. J'en amassai une quantité considerable, & alors prenant conseil de l'Ebeniste, qui avoit reçû ordre de faire tous les petits ouvrages que je lui commanderois, je lui donnai des instructions pour me faire deux fauteüils de la grandeur de ceux qui se trouvoient dans ma boëte, & de les percer de plusieurs petits trous avec une aléne fine. Quand les piés, les bras, les barres, & les dossiers des fauteüils furent prêts, je composai le fond avec les cheveux de la Reine, que je passai dans les trous, & j'en fis des fauteüils semblables aux fauteüils de canne, dont nous nous servons en Angleterre. J'eus l'honneur d'en faire present à la Reine, qui les mit dans une armoire, comme une curiosité.

Elle voulut un jour me faire asseoir dans un de ces fauteüils; mais je m'en excusai, protestant que je n'étois pas assés temeraire & assés insolent, pour appliquer mon derriere sur de respectables cheveux, qui avoient autrefois orné la tête de Sa Majesté. Comme j'avois du genie pour la Mecanique, je fis ensuite de ces cheveux une petite bourse très-bien travaillée, longue environ de deux aunes, avec le nom de Sa Majesté tissu en lettres d'or, que je donnai à *Glumdalclitch*, du consentement de la Reine.

Le Roy qui aimoit fort la Musique, avoit très-souvent des concerts, ausquels j'assistois, placé dans ma boëte. Mais le bruit étoit si grand, que je ne pouvois guéres distinguer les accords. Je m'assûre que tous les tambours & trompettes d'une Armée Royale, battant & sonnant à la fois tout près des oreilles, n'auroient pû égaler ce bruit. Ma coutume étoit de faire placer ma boëte loin de l'endroit ou étoient les acteurs du concert, de fermer les portes & les fenêtres de ma boëte, & de tirer les rideaux de mes fenêtres ; avec ces précautions je ne trouvois pas leur musique desagreable.

J'avois appris pendant ma jeunesse à joüer du clavessin. *Glumdalclitch* en avoit un dans sa chambre, où un Maître se rendoit deux fois la semaine pour lui montrer. La fantaisie me prit un jour, de régaler le Roy & la Reine d'un air Anglois sur cet instrument. Mais cela me parût extrêmement difficile. Car le clavessin étoit long de près de soixante pieds, & les touches larges environ d'un pied ; de telle sorte qu'avec mes deux bras bien étendus, je ne pouvois atteindre plus de cinq touches ; & de plus pour tirer un son, il me falloit toucher à grands coups de poing : voici le moïen dont je m'avisai. J'accommodai deux bâtons environ de la grosseur d'un tricot ordinaire, & je couvris le bout de ces bâtons de peau de souris, pour ménager les touches & le son de l'instrument ; je plaçai un banc vis-à-vis, sur lequel je montai, & alors je me mis à courir avec toute la vîtesse & toute l'agilité imaginable sur cette espece d'échaffaut, frappant çà & là le clavier avec mes deux bâtons, de toute ma force, en sorte que je vins à bout de joüer une gigue Angloise, à la grande satisfaction de leurs Majestés. Mais il faut avoüer que je ne fis jamais d'exercice plus violent, & plus penible.

Le Roi qui, comme je l'ai dit, étoit un Prince plein d'esprit, ordonnoit souvent de m'apporter dans ma boëte, & de me mettre sur la table de son cabinet. Alors il me commandoit de tirer une de mes chaises hors de la boëte, & de m'asseoir, de sorte que je fusse au niveau de son visage. De cette maniere j'eus plusieurs conférences avec lui. Un jour je pris la liberté de dire à Sa Majesté, que le mépris qu'elle avoit conçû pour l'Europe & pour le reste du monde, ne me sembloit pas répondre aux excellentes qualités d'esprit, dont elle étoit ornée ; que la raison étoit indépendante de la grandeur du corps; qu'au contraire nous avions observé dans nôtre païs, que les personnes de haute taille n'étoient pas ordinairement les plus ingénieuses; que parmi les animaux, les abeilles & les fourmis avoient la réputation d'avoir le plus d'industrie, d'atifice, & de sagacité, & enfin que quelque peu de cas qu'il fit de ma figure, j'esperois néanmoins pouvoir rendre de grands services à Sa Majesté. Le Roy m'écouta avec attention, & commença à me regarder d'un autre œil, & à ne plus mesurer mon esprit par ma taille.

Il m'ordonna alors de lui faire une relation exacte du Gouvernement d'*Angleterre* ; parce que quelque prevenus que les Princes soient ordinairement en faveur de leurs maximes & de leurs usages, il seroit bien-aise de sçavoir, s'il y avoit en mon païs de quoi imiter. Imaginez-vous, mon cher Lecteur, combien je desirai alors d'avoir le genie, & la langue de Demosthene & de Ciceron, pour être capable de peindre dignement l'Angleterre ma patrie, & d'en tracer une idée sublime.

Je commençai par dire à Sa Majesté, que nos Etats étoient composés de deux Isles, qui formoient trois puissans Royaumes, sous un seul Souverain, sans compter nos Colonies en Amerique. Je m'étendis fort sur la fertilité de nôtre terrain, & sur la temperature de nôtre climat. Je décrivis ensuite la constitution du Parlement Anglois, composé en partie d'un Corps illustre appellé *la Chambre des Pairs*, personnages du Sang le plus noble, anciens possesseurs & Seigneurs des plus belles terres du Royaume. Je representai l'extrême soin qu'on prenoit de leur éducation par rapport aux sciences & aux armes, pour les rendre capables d'être Conseillers nés du Roy & du Royaume, d'avoir part dans l'administration du Gouvernement, d'être membres de la plus haute Cour de Justice, dont il n'y avoit point d'appel, & d'être les défenseurs zelés de leur Prince & de leur Patrie, par leur valeur, leur conduite & leur fidelité ; que ces Seigneurs étoient l'ornement & la sûreté du Royaume, dignes successeurs de leurs ancêtres, dont les honneurs avoient été la récompense d'une vertu insigne, & qu'on n'avoit jamais vû leur posterité dégénerer : qu'à ces Seigneurs étoient joints plusieurs saints hommes, qui avoient une place parmi eux sous le titre d'*Evêques*, dont la charge particuliere étoit de veiller sur la Religion, & sur ceux qui la préchent au peuple. Qu'on cherchoit & qu'on choisissoit dans le Clergé les plus saints & les plus sçavans hommes, pour les revêtir de cette Dignité éminente.

J'ajoûtai, que l'autre partie du Parlement étoit une Assemblée respectable, nommée *la Chambre des Communes*, composée de nobles, choisis librement, & députés par le peuple même, seulement à cause de leurs lumieres, de leurs talens, & de leur amour pour la Patrie, afin de representer la sagesse de toute la nation. Je dis que ces deux corps formoient la plus auguste Assemblée de l'Univers, qui de concert avec le Prince, disposoit de tout, & régloit en quelque sorte la destinée de tous les peuples de l'Europe.

Ensuite je descendis aux Cours de Justice, où étoient assis de venerables Interpretes de la Loi, qui décidoient sur les differentes contestations des particuliers, qui punissoient le crime & protegeoient l'innocence. Je ne manquai pas pas de parler de la sage & œconomique administration de nos Finances, & de m'étendre sur la valeur & les exploits de nos Guerriers de mer & de terre. Je supputai le nombre du peuple, en comptant combien il y avoit de millions d'hommes de differente Religion, & de different parti politique parmi nous. Je n'omis ni nos jeux ni nos spectacles, ni aucune autre particularité, que je crûsse pouvoir faire honneur à mon païs : & je finis par un petit recit historique des dernieres révolutions d'Angleterre, depuis environ cent ans.

Cette conversation dura cinq audiences, dont chacune fut de plusieurs heures ; & le Roy écouta le tout avec une grande attention, écrivant l'extrait de presque tout ce que je disois, & marquant en même temps les questions qu'il avoit dessein de me faire.

Quand j'eus achevé mes longs discours, Sa Majesté, dans une sixiéme Audience examinant ses extraits, me proposa plusieurs doutes, & de fortes objections sur chaque article. Elle me demanda d'abord quels étoient les moyens ordinaires de cultiver l'esprit de nôtre jeune noblesse ? Quelles mesures l'on prenoit, quand une Maison noble venoit à s'éteindre, ce qui devoit arriver de tems en tems ? Quelles qualités étoient nécessaires à ceux qui devoient être créez nouveaux Pairs ? Si le caprice du Prince, une somme d'argent donnée à propos à une Dame de la Cour & à un Favori, ou le dessein de fortifier un parti opposé au bien public, n'étoient jamais les motifs de ces promotions ? Quel degré de science les Pairs avoient dans les Loix de leur païs, & comment ils devenoient capables de décider en dernier ressort des droits de leurs Compatriotes ? Si ils étoient toûjours exempts d'avarice & de préjugés ? Si ces saints Evêques, dont j'avois parlé, parvenoient toûjours à ce haut rang par leur science dans les matieres Théologiques, & par la sainteté de leur vie, s'ils n'avoient jamais eu de foiblesses, s'ils n'avoient jamais intrigué, lorsqu'ils n'étoient que de simples Prêtres ; s'ils n'avoient pas été quelquefois les Aumôniers d'un Pair, par le moïen duquel ils étoient parvenus à l'Evêché ; & si dans ce cas ils ne suivoient pas toûjours aveuglément l'avis du Pair, & ne servoient pas sa passion, ou son préjugé dans l'Assemblée du Parlement ?

Il voulut sçavoir comment on s'y prenoit pour l'élection de ceux que j'avois appellé *les Communes*: si un inconnu avec une bourse bien remplie d'or, ne pouvoit pas quelquefois gagner le suffrage des Electeurs à force d'argent, se faire preferer à leur propre Seigneur, ou aux plus considerables & aux plus distingués de la Noblesse dans le voisinage. Pourquoi on avoit une si violente passion d'être élû pour l'Assemblée du Parlement, puisque cette élection étoit l'occasion d'une très-grande dépense, & ne rendoit rien ; qu'il falloit donc que ces élûs fussent des hommes d'un desinteressement parfait, & d'une vertu éminente & heroïque ; ou bien qu'ils comptassent d'être indemnisés & remboursés avec usure par le Prince & par ses Ministres, en leur sacrifiant le bien public. Sa Majesté me proposa sur cet article des difficultés insurmontables, que la prudence ne me permet pas de répéter.

Sur ce que je lui avois dit, de nos *Cours de Justice*, Sa Majesté voulut être éclaircie touchant plusieurs articles. J'étois assés en état de la satisfaire, ayant été autrefois presque ruiné par un long procès à la Chancellerie, qui fut néanmoins jugé en ma faveur, & que je gagnai même avec les dépens. Il me demanda combien de temps on employoit ordinairement à mettre une affaire en état d'être jugée. S'il en coûtoit beaucoup pour plaider : si les Avocats avoient la liberté de deffendre des causes évidemment injustes ; si l'on n'avoit jamais remarqué que l'esprit de parti & de Religion, eût fait pancher la balance. Si ces Avocats avoient quelque connoissance des premiers principes & des loix generales de l'équité ; ou s'ils ne se contentoient pas de sçavoir les Loix arbitraires & les Coûtumes locales du Païs. Si eux & les Juges avoient le droit d'interpreter à leur gré, & de commenter les Loix. Si les Plaidoïez & les Arrêts n'étoient pas quelquesfois contraires les uns aux autres dans la même espece.

Ensuite il s'attacha à me questionner sur l'administration des Finances, & me dit qu'il croyoit que je m'étois mépris sur cet article, parce que je n'avois fait monter les impôts qu'à cinq ou six millions par an ; que cependant la dépense de l'Etat alloit beaucoup plus loin, & excedoit beaucoup la recette.

Il ne pouvoit, disoit-il, concevoir, comment un Royaume osoit dépenser au-delà de son revenu & manger son bien, comme un particulier. Il me demanda quels étoient nos creanciers, & où nous trouverions de quoi les payer : si nous gardions à leur égard les loix de la nature, de la raison & de l'équité. Il étoit étonné du détail que je lui avois fait de nos guerres, & des frais excessifs qu'elles exigeoient. Il falloit certainement, disoit-il, que nous fussions un peuple bien inquiet & bien querelleur, ou que nous eussions de bien mauvais voisins. Qu'avez-vous à démêler, ajoûtoit-il, hors de vos Isles? Devés-vous y avoir d'autres affaires, que celles de vôtre commerce? Devés-vous songer à faire des conquêtes, & ne vous suffit-il pas de bien garder vos Ports & vos Côtes? Ce qui l'étonna fort, ce fut d'apprendre que nous entretenions une armée dans le sein de la paix, & au milieu d'un peuple libre. Il dit que si nous étions gouvernés de nôtre propre consentement, il ne pouvoit s'imaginer de qui nous avions peur, & contre qui nous avions à nous battre. Il demanda si la maison d'un particulier ne seroit pas mieux défenduë par lui-même, par ses enfans & par ses domestiques, que par une troupe de fripons & de coquins, tirés par hazard de la lie du peuple, avec un salaire bien petit, & qui pourroient gagner cent fois plus, en nous coupant la gorge.

Il rit beaucoup de ma bizarre Arithmétique (comme il lui plût de l'appeller) lorsque j'avois supputé le nombre de nôtre peuple, en calculant les différentes sectes

A BROBDINGNAG.

qui sont parmi nous à l'égard de la Religion & de la Politique.

Il remarqua, qu'entre les amusemens de nôtre noblesse, j'avois fait mention du jeu. Il voulut sçavoir à quelle âge ce divertissement étoit ordinairement pratiqué, & quand on le quittoit : combien de temps on y consacroit, & s'il n'alteroit pas quelquefois la fortune des particuliers, & ne leur faisoit pas commettre des actions basses & indignes. Si des hommes vils & corrompus ne pouvoient pas quelquefois par leur adresse dans ce métier aquerir de grandes richesses, tenir nos Pairs mêmes dans une espece de dépendance, les accoûtumer à voir mauvaise compagnie, les détourner entierement de la culture de leur esprit & du soin de leurs affaires domestiques, & les forcer par les pertes qu'ils pouvoient faire, d'apprendre peut-être à se servir de cette même adresse infame, qui les avoit ruinés.

Il étoit extrêmement étonné du recit que je lui avois fait de nôtre histoire du dernier siecle ; ce n'étoit, selon lui, qu'un enchaînement horrible de conjurations, de rebellions, de meurtres, de massacres, de révolutions, d'exils, & des plus énormes éfets que l'avarice, l'esprit de faction, l'hipocrisie, la perfidie, la cruauté, la rage, la folie, la haine, l'envie, la malice, & l'ambition pouvoient produire.

Sa Majesté, dans une autre audience, prit la peine de récapituler la substance de tout ce que j'avois dit, compara les questions qu'elle m'avoit faites, avec les réponses que j'avois données ; puis me prenant dans ses mains, & me flâtant doucement, s'exprima dans ces mots, que je n'oublierai jamais, non plus que la maniere dont il les prononça. Mon petit ami *Grildrig*, vous avés fait un panegirique très-extraordinaire de vôtre païs : vous avés fort bien prouvé que l'ignorance, la paresse & le vice peuvent être quelquesfois les seules qualités d'un homme d'Etat : Que ces loix sont éclaircies, interpretées, & appliquées

le

le mieux du monde, par des gens dont les interêts la capacité les portent à les corrompre, à les broüiller & à les éluder. Je remarque parmi vous une conftitution de Gouvernement, qui dans fon origine a peut-être été fupportable, mais que le vice a tout-à-fait défigurée. Il ne me paroît pas même, par tout ce que vous m'avés dit, qu'une feule vertu foit requife pour parvenir à aucun rang, ou à aucune Charge parmi vous. Je vois que les hommes n'y font point annoblis par leur vertu, que les Prêtres n'y font point avancés par leur pieté ou leur fcience, les Soldats par leur conduite ou leur valeur, les Juges par leur integrité, les Senateurs par l'amour de leur Patrie, ni les hommes d'Etat par leur fageffe. Mais pour vous, (continua le Roy) qui avés paffé la plûpart de vôtre vie dans les voïages, je veux croire que vous n'êtes pas infecté des vices de vôtre Païs: mais par tout ce que vous m'avés raconté d'abord, & par les réponfes que je vous ai obligé de faire à mes objections, je juge que la plûpart de vos compatriotes sont la plus pernicieuse race d'insectes, que la nature ait jamais souffert ramper sur la surface de la Terre.

CHAPITRE VII.

Zele de l'Auteur pour l'honneur de sa Patrie. Il fait une proposition avantageuse au Roy, qui est rejettée. La literature de ce peuple imparfaite & & bornée. Leurs loix, leurs affaires militaires, & leur partis dans l'Etat.

L'Amour de la vérité m'a empêché de déguiser l'entretien que j'eus alors avec Sa Majesté. Mais ce même amour ne me permit pas de me taire, lorsque je vis mon cher païs si indignement traité. J'éludois adroitement la plûpart de ses questions, & je donnois à chaque chose le tour le plus favorable que je pouvois. Car quand il s'agit de défendre ma Patrie, & de soutenir sa gloire, je me pique de ne point entendre raison. Alors je n'ômets rien pour cacher ses infirmités & ses difformités, & pour mettre sa vertu & sa beauté dans le jour le plus avantageux ; c'est ce que je m'efforçai de faire dans les differens entretiens que j'eus avec ce judicieux Monarque : par malheur je perdis ma peine.

Mais il faut excuser un Roy, qui vit entierement séparé du reste du monde, & qui par consequent ignore les mœurs, & les coûtumes des autres Nations. Ce défaut de connoissance sera toûjours la cause de plusieurs préjugés, & d'une certaine maniere bornée de penser, dont le païs de l'Europe est exempt. Il seroit ridicule que les idées de vertu & de vice d'un Prince étranger & isolé, fussent proposées pour des régles, & pour des maximes à suivre.

Pour confirmer ce que je viens de dire, & pour faire voir les effets malheureux d'une éducation bornée, je rapporterai ici une chose qu'on aura peut-être de la peine à croire. Dans la vûë, de gagner les bonnes graces de Sa Majesté, je lui donnai avis d'une découverte faite depuis trois ou quatre cens ans, qui étoit une certaine petite poudre noire, qu'une seule petite étincelle pouvoit allumer en un instant, de telle maniere qu'elle étoit capable de faire sauter en l'air des montagnes, avec un bruit & un fracas plus grand que celui du tonerre : qu'une quantité de cette poudre étant mise dans un tube de bronze ou de fer, selon sa grosseur, poussoit une balle de plomb ou un boulet de fer, avec une si grande violence & tant de vîtesse, que rien n'étoit capable de soutenir sa force. Que les boulets ainsi poussés & chassés d'un tube de fonte par l'inflammation de cette petite poudre, rompoient, renversoient, culbutoient les Bataillons & les Escadrons, abattoient les plus fortes murailles, faisoient sauter les plus grosses Tours, couloient à fond les plus gros Vaisseaux : que cette poudre mise dans un globe de fer lancé avec une machine, bruloit & écrasoit les maisons, & jettoit de tous côtés des éclats, qui foudroïoient tout ce qui se rencontroit.

Que je sçavois la composition de cette poudre merveilleuse, où il n'entroit que des choses communes & à bon marché ; & que je pourrois apprendre le même secret à ses sujets, si Sa Majesté le vouloit. Que par le moïen de cette poudre Sa Majesté briseroit les murailles de la plus forte Ville de son Royaume, si elle se soulevoit jamais, & osoit lui resister. Que je lui offrois ce petit present, comme un leger tribut de ma reconnoissance.

Le Roy frappé de la description que je lui avois faite des effets terribles de ma poudre, paroissoit ne pouvoir comprendre comment un insecte impuissant, foible, vil & rampant avoit imaginé une chose effroyable, dont il osoit parler d'une maniere si familiere qu'il sembloit regarder comme des bagatelles le carnage & la desolation que produisoit une invention si pernicieuse. Il falloit, disoit-il, que ce fut un mauvais Genie, ennemi de Dieu & de ses ouvrages, qui en eut été l'auteur. Il protesta que quoique rien ne lui fit plus de plaisir que les nouvelles découvertes, soit dans la nature soit dans les arts, il aimeroit mieux perdre sa Couronne que de faire usage d'un si funeste secret, dont il me deffendit, sous peine de la vie, de faire part à aucun de ses Sujets : éfet pitoïable de l'ignorance & des bornes d'un Prince sans éducation. Ce Monarque orné de toutes les qualités qui gagnent la vénération, l'amour & l'estime des peuples, d'un esprit fort & pénétrant, d'une grande sagesse, d'une profonde science, doüé de talens admirables pour le Gouvernement, & presque adoré de son peuple, se trouve sottement géné par un scrupule excessif & bizarre, dont nous n'avons jamais eu d'idée en Europe, & laisse échaper une occasion qu'on lui met entre les mains, de se rendre le Maître absolu de la vie, de la liberté, & des biens de tous ses Sujets ! Je ne dis pas ceci dans l'intention de rabaisser les vertus & les lumieres de ce Prince, auquel je n'ignore pas néanmoins que ce recit fera tort, dans l'esprit d'un Lecteur *Anglois* : mais je m'assûre que ce défaut ne venoit que d'ignorance, ces peuples n'ayant pas encore réduit *la Politique* en art, comme nos esprits sublimes de l'Europe.

Car il me souvient que dans un entretien que j'eus un jour avec le Roy, sur ce que je lui avois dit par hazard, qu'il y avoit parmi nous un grand nombre de volumes écrits sur l'*Art du Gouvernement*, Sa Majesté en conçût une opinion très-basse de nôtre esprit, & ajoûta qu'il méprisoit & détestoit tout *mystere*, tout *raffinement*, & toute *intrigue*, dans les procedés d'un Prince ou d'un Ministre d'Etat. Il ne pouvoit comprendre ce que je voulois dire par les *secrets du Cabinet*. Pour lui il renfermoit la science de gouverner dans des bornes très-étroites, la réduisant au sens commun, à la raison, à la Justice, à la douceur, à la prompte décision des affaires civiles & criminelles, & à d'autres semblables pratiques,
à

à la portée de tout le monde, & qui ne méritent pas qu'on en parle. Enfin il m'avança ce paradoxe étrange, que si quelqu'un pouvoit faire croître deux épis de bled, ou deux brins d'herbe sur un morceau de terre, où auparavant il n'y en avoit qu'un, mériteroit beaucoup plus du genre humain, & rendroit un service plus essentiel à son païs, que toute la race de nos sublimes Politiques.

La Litterature de ce peuple est fort peu de chose, & ne consiste que dans la connoissance de la Morale, de l'Histoire, de la Poësie, & des Mathematiques; mais il faut avoüer qu'ils excellent dans ces quatre genres.

La derniere de ces connoissances n'est appliquée par eux qu'à tout ce qui est utile; en sorte que la meilleure partie de nôtre Mathematique seroit parmi eux fort peu estimée. A l'égard des entités métaphisiques, des abstractions & des categories, il me fut impossible de les leur faire concevoir.

Dans ce païs, il n'est pas permis de dresser une Loy en plus de mots qu'il n'y a de lettres dans leur alphabet, qui n'est composé que de vingt-deux lettres : il y a même très-peu de Loix qui s'étendent jusqu'à cette longueur. Elles sont toutes exprimées dans les termes les plus clairs & les plus simples, & ces peuples ne sont ni assés vifs ni assés ingenieux pour y trouver plusieurs sens : c'est d'ailleurs un crime capital d'écrire un Commentaire sur aucune Loi.

Ils possedent de temps immemorial l'art d'imprimer, aussi-bien que les Chinois. Mais leurs Bibliotheques ne sont pas grandes: celle du Roy, qui est la plus nombreuse, n'est composée que de mille volumes, rangés dans une gallerie de douze cens pieds de longueur, où j'eus la liberté de lire tous les livres qu'il me plût. Le livre que j'eus d'abord envie de lire, fût mis sur une table, sur laquelle on me plaça; alors tournant mon visage vers le livre, je commençai par le haut de la page: je me promenai dessus le livre même, à droite & à gauche environ huit ou dix pas, selon la longueur des lignes, & je reculois, à mesure que j'avançois dans la lecture des pages. Je commençai à lire l'autre page de la même façon, après quoi je tournai le feüillet, ce que je pûs difficilement faire avec mes deux mains; car il étoit aussi épais & aussi roide qu'un gros carton.

Leur stile est clair, mâle & doux, mais nullement fleuri, parce qu'on ne sçait parmi eux ce que c'est que de multiplier les mots inutiles, & de varier les expressions. Je parcourus plusieurs de leurs livres, sur tout ceux qui concernoient l'Histoire & la Morale. Entr'autres, je lûs avec plaisir un vieux petit Traité qui étoit dans la chambre de *Glumdalclitch*. Ce livre étoit intitulé *Traité de la foiblesse du genre humain*, & n'étoit estimé que des femmes & du petit peuple. Cependant je fus curieux de voir ce qu'un Auteur de ce païs pouvoit dire sur un pareil su-

T ij

jet. Cet Ecrivain faisoit voir très au long, combien l'homme est peu en état de se mettre à couvert des injures de l'air ou de la fureur des bêtes sauvages; Combien il étoit surpassé par d'autres animaux, soit dans la force, soit dans la vîtesse, soit dans la prévoyance, soit dans l'industrie. Il montroit que la nature avoit dégeneré dans ces derniers siécles, & qu'elle étoit sur son déclin.

Il enseignoit que les Loix mêmes de la nature éxigeoient absolument que nous eussions été au commencement d'une taille plus grande & d'une complexion plus vigoureuse, pour n'être point sujets à une soudaine destruction, par l'accident d'une tuile tombant de dessus une maison, ou d'une pierre jettée de la main d'un enfant, ni à être noyez dans un ruisseau. De ces raisonnemens l'Auteur tiroit plusieurs applications utiles à la conduite de la vie. Pour moi, je ne pouvois m'empêcher de faire des réfléxions morales sur cette Morale même, &

sur le penchant universel qu'ont tous les hommes à se plaindre de la nature, & à exagerer ses défauts. Ces Geants se trouvoient petits & foibles. Que sommes-nous donc, nous autres Européens? Ce même Auteur disoit que l'homme n'étoit qu'un ver de terre & qu'un atôme, & que sa petitesse devoit sans cesse l'humilier. Helas! que suis-je, me disois-je, moi qui suis au dessous du rien en comparaison de ces hommes, qu'on dit être si petits & si peu de chose?

Dans ce même livre, on faisoit voir la vanité du titre d'*Altesse* & de *Grandeur*, & combien il étoit ridicule qu'un homme qui avoit au plus cent cinquante piés de hauteur, osât se dire *haut* & *grand*. Que penseroient les Princes & les grands Seigneurs d'*Europe*, disois-je alors, s'ils lisoient ce livre, eux qui avec cinq piés & quelques pouces, prétendent sans façon qu'on leur donne de l'*Altesse* & de la *Grandeur*? Mais pourquoi n'ont-ils pas aussi exigé les titres de *Grosseur*, de *Largeur*, d'*Epaisseur*? Au moins auroient-ils pû inventer un terme general pour comprendre toutes ces dimensions & se faire appeller, *Vôtre Etenduë*. On me répondra peut-être que ces mots *Altesse* & *Grandeur* se rapportent à l'ame, & non au corps. Mais si cela est, pourquoi ne pas prendre des titres plus marqués & plus déterminés à un sens spirituel? Pourquoi ne se pas faire appeller, *vôtre sagesse, vôtre pénétration, vôtre prévoyance, vôtre liberalité, vôtre bonté, vôtre bon-sens, vôtre bel esprit?* Il faut avoüer que comme ces titres auroient été très beaux & très honorables, ils auroient aussi semé beaucoup d'aménité dans les complimens des Inferieurs, rien n'étant plus divertissant qu'un discours plein de contre-vérités.

La Medecine, la Chirurgie, la Pharmacie sont très-cultivées en ce païs-là. J'entrai un jour dans un vaste édifice, que je pensai prendre pour un Arsenal plein de boulets & de canons. C'étoit la boutique d'un Apoticaire: ces boulets étoient des pillules, & ces canons des seringues. En comparaison nos plus gros canons sont en vérité de petites coulévrines.

A l'égard de leur milice, on dit que l'armée du Roy, est composée de cent soixante-seize mille hommes de pied, & de trente-deux mille de Cavalerie ; si néanmoins on peut donner ce nom à une armée, qui n'est composée que de Marchands & de Laboureurs, dont les Commandans ne sont que les Pairs & la Noblesse, sans aucune paye ou récompense : ils sont à la verité assés parfaits dans leurs exercices, & ont une discipline très-bonne ; ce qui n'est pas étonnant, puisque chaque Laboureur est commandé par son propre Seigneur, & chaque Bourgeois par les principaux de sa propre Ville, élûs à la façon de *Venise*.

Je fus curieux de sçavoir pourquoi ce Prince, dont les Etats sont inaccessibles, s'avisoit de faire apprendre à son peuple la pratique de la discipline militaire. Mais j'en fus bien-tôt instruit, soit par les entretiens que j'eus sur ce sujet, soit par la lecture de leurs histoires. Car pendant plusieurs siécles, ils ont été affligez de la maladie, à laquelle tant d'autres Gouvernemens sont sujets; la Pairie & la Noblesse disputant souvent pour le pouvoir, le Peuple pour la liberté, & le Roy pour la domination arbitraire. Ces choses, quoique sagement temperées par les loix du Royaume, ont quelquefois occasionné des partis, allumé des passions, & causé des guerres civiles, dont la derniere fut heureusement terminée par l'Ayeul du Prince régnant; & la Milice alors établie dans le Royaume, a toûjours subsisté depuis, pour prévenir de nouveaux desordres.

CHAPITRE VIII.

Le Roy & la Reine font un voyage vers la Frontiere, où l'Auteur les suit. Détail de la maniere dont il sort de ce Pays pour retourner en Angleterre.

J'Avois toûjours dans l'esprit que je recouvrerois un jour ma liberté, quoique je ne pûsse deviner par quel moyen, ni former aucun projet avec la moindre apparence de réüssir. Le Vaisseau qui m'avoit porté, & qui avoit échoüé sur ces Côtes, étoit le premier vaisseau Européen qu'on eut sçû en avoir approché, & le Roy avoit donné des ordres très-précis, que si jamais il arrivoit qu'un autre parut, il fut tiré à terre, & mis avec toute l'équipage & les passagers sur un tombereau, & apporté à *Lorburlgrud*. Il étoit fort porté à me trouver une femme de ma taille, par laquelle je pûsse multiplier mon espece. Mais je crois que j'aurois mieux aimé mourir, que de faire de malheureux enfans, destinez à être mis en cage, ainsi que des Serins de Canarie, & à être ensuite vendus par tout le Royaume aux gens de qualité, comme petits animaux curieux. J'étois à la vérité traité avec beaucoup de bonté : j'étois le Favori du Roy & de la Reine, & les délices de toute la Cour. Mais c'étoit sur un état qui ne convenoit pas à la dignité de ma nature humaine. Je ne pouvois d'ailleurs oublier ces précieux gages que j'avois laissés chés moi. Je souhaitois fort de me retrouver parmi des peuples, avec lesquels je me pûsse entretenir d'égal à égal, & d'avoir la liberté de me promener par les ruës & par les champs, sans craindre d'être foulé aux piés, d'être écrasé comme une grenoüille, ou d'être le joüet d'un jeune chien. Mais ma délivrance arriva plûtôt que je ne m'y attendois, & d'une maniere très-extraordinaire, ainsi que je vais le raconter fidelement, avec toutes les circonstances de cet admirable évenement.

Il y avoit deux ans que j'étois dans ce païs. Au commencement de la troisiéme année, *Glumdalclitch* & moi étions à la suite du Roy & de la Reine, dans un voyage qu'ils faisoient vers la côte meridionale du Royaume. J'étois porté à mon ordinaire dans ma boëte de voyage, qui étoit un cabinet trèscommode, large de douze pieds. On avoit par mon ordre attaché un brancard avec des cordons de soye aux quatre coins du haut de la boëte, afin que je sentisse moins les secousses du cheval sur lequel un domestique me portoit devant lui. J'avois ordonné au Menuisier de faire au toit de ma boëte une ouverture d'un pié en quarré, pour laisser entrer l'air, en sorte que quand je voudrois, on pût l'ouvrir & la fermer avec une planche.

Quand nous fûmes arrivés au terme de nôtre voyage, le Roy jugea à propos de passer quelques jours à une Maison de Plaisance, qu'il avoit proche de *Flanflasnic*, Ville située à dix-huit milles Anglois du bord de la mer. *Glumdalclitch* & moi étions bien fatigués : j'étois moi un peu enrhumé, mais la pauvre fille se portoit si mal qu'elle étoit obligée de se tenir toûjours dans sa chambre. J'eus envie de voir l'Ocean. Je fis semblant d'être plus malade que je ne l'étois, & je demandai la liberté de prendre l'air de la Mer, avec un Page qui me plaisoit beaucoup, & à qui j'avois été confié quelquefois. Je n'oublierai jamais avec quelle répugnance *Glumdalclitch* y consentit, ni l'ordre sévere qu'elle donna au Page d'avoir soin de moi, ni les larmes qu'elle répandit, comme si elle eut eu quelques présages de ce qui me devoit arriver. Le Page me porta donc dans ma boëte, & me mena environ à une demie lieuë du Palais vers les rochers, sur le rivage de la Mer. Je lui dis alors de me mettre à terre, & levant le chassis d'une de mes fenêtres, je me mis à regarder la Mer d'un œil triste. Je dis ensuite au

Page que j'avois envie de dormir un peu dans mon brancard, & que cela me soulageroit. Le Page ferma bien la fenêtre, de peur que je n'eusse froid : je m'endormis bientôt. Tout ce que je puis conjecturer, est que pendant que je dormois, ce Page croyant qu'il n'y avoit rien à apprehender, grimpa sur les rochers, pour chercher des œufs d'oiseaux, l'ayant vû auparavant de ma fenêtre en chercher & en ramasser. Quoiqu'il en soit, je me trouvai soudainement éveillé par une secousse violente donnée à ma boëte que je sentis tirée en haut, & ensuite portée en avant avec une vîtesse prodigieuse. La premiere secousse m'avoit presque jetté hors de mon brancard, mais ensuite le mouvement fut assés doux. Je criois de toute ma force, mais inutilement. Je regardai à travers ma fenêtre, & je ne vis que des nuages. J'entendois un bruit horrible au dessus de ma tête, ressemblant à celui d'un batement d'ailes. Alors je commençai à connoître le dangereux état où je me trouvois, & à soupçonner qu'une Aigle avoit pris le cordon de ma boëte dans son bec, dans le dessein de la laisser tomber sur quelque rocher, comme une tortuë dans son écaille, & puis d'en tirer mon corps pour le dévorer. Car la sagacité & l'odorat de cet oiseau le mettent en état de découvrir sa proye à une grande distance, quoi que cachée encore mieux que je pouvois être dessous des planches, qui n'étoient épaisses que de deux pouces.

Au bout de quelque-temps, je remarquai que le bruit & le batement d'ailes s'augmentoit beaucoup, & que ma boëte étoit agitée çà & là, comme une enseigne de boutique par un grand vent. J'entendis plusieurs coups violens qu'on donnoit à l'aigle, & puis tout-à-coup je me sentis tomber perpendiculairement pendant plus d'une minute; mais avec une vîtesse incroyable. Ma chûte fut terminée par une secousse terrible qui retentit plus haut à mes oreilles, que nôtre cataracte de *Nia-*

A BROBDINGNAG. 231

gara, après quoi je fus dans les ténèbres pendant un autre minute, & alors ma boëte commença à s'élever de maniere, que je pûs voir le jour par le haut de ma fenêtre.

Je connus alors que j'étois tombé dans la Mer, & que ma boëte flottoit. Je crûs, & je le crois encore, que l'aigle qui emportoit ma boëte, avoit été pourfuivie de deux où trois autres aigles, & contrainte de me laiffer tomber, pendant qu'elle fe défendoit contre les autres, qui lui difputoient fa proïe. Les plaques de fer attachées au bas de la boëte conferverent l'équilibre, & l'empêcherent d'être brifée & fracaffée en tombant.

O que je fouhaittai alors d'être fecouru par ma chere *Glumdalclitch*, dont cet accident fubit m'avoit tant éloigné : je puis dire en vérité, qu'au milieu de mes malheurs, je plaignois & regrettois ma chere petite Maîtreffe, que je penfois au chagrins qu'elle auroit de ma perte, & au déplaifir de la Reine. Je fuis fûr qu'il y a très-peu de Voyageurs, qui se soient trouvés dans une situation aussi triste que celle où je me trouvai alors, attendant à tout moment de voir ma boëte brisée, ou au moins renversée par le premier coup de vent, & submergée par les vagues. Un carreau de vitre cassé, c'étoit fait de moi. Il n'y avoit rien qui eut pû jusqu'alors conserver ma fenêtre, que des fils de fer assés forts, dont elle étoit munie par dehors contre les accidents, qui peuvent arriver en voyageant. Je vis l'eau entrer dans ma boëte par quelques petites fentes, que je tâchai de boucher le mieux que je pûs. Helas ! je n'avois pas la force de lever le toit de ma boëte, ce que j'aurois fait si j'avois pû, & me serois tenu assis dessus, plûtôt que de rester enfermé dans une espece de fond-de-cale.

Dans cette déplorable situation j'entendis, où je crûs entendre quelque sorte de bruit à côté de ma boëte, & bien-tôt après je commençai à m'imaginer qu'elle étoit tirée, & en quelque façon remorquée;

quée; car de temps en temps je sentois une sorte d'effort, qui faisoit monter les ondes jusqu'au haut de mes fenêtres, me laissant presque dans l'obscurité. Je conçûs alors quelques foibles esperances de secours, quoique je ne pusse me figurer d'où il me pourroit venir. Je montai sur mes chaises & approchai ma tête d'une petite fente, qui étoit au toit de ma boëte, & alors je me mis à crier de toutes mes forces, & à demander du secours, dans toutes les langues que je sçavois. Ensuite j'attachai mon mouchoir à un bâton que j'avois, & le haussant par l'ouverture, je le branlai plusieurs fois dans l'air, afin que si quelque barque ou vaisseau étoit proche, les mâtelots pûssent conjecturer qu'il y avoit un malheureux Mortel renfermé dans cette boëte.

Je ne m'apperçûs point que tout cela eut rien produit; mais je connus évidemment que ma boëte étoit tirée en avant : au bout d'une heure je sentis qu'elle heurtoit quelque chose de très-dur. Je craignis, d'abord que ce ne fut un rocher, & j'en fus très-allarmé. J'entendis alors distinctement du bruit sur le toit de ma boëte, comme celui d'un cable. Ensuite je me trouvai haussé peu à peu, au moins trois pieds plus haut que je n'étois auparavant : surquoi je levai encore mon bâton & mon mouchoir, criant au secours, jusqu'à m'enroüer. Pour réponse j'entendis de grandes acclamations repetées trois fois, qui me donnerent des transports de joie, qui ne peuvent-être conçûs que par ceux qui les sentent. En même-temps j'entendis marcher sur le toit, & quelqu'un appellant par l'ouverture & criant en Anglois, *y a-t'il là quelqu'un?* Je répondis, Hélas oüi ! je suis un pauvre Anglois réduit par la Fortune à la plus grande calamité qu'aucune créature ait jamais soufferte : au nom de Dieu, délivrez-moi de ce cachot. La voix me répondit, rassurez-vous, vous n'avez rien à craindre, vôtre boëte est attachée au vaisseau, & le Char-

A BROBDINGNAG.

pentier va venir pour faire un trou dans le toit, & vous tirer dehors. Je répondis que cela n'étoit pas nécessaire, & demanderoit trop de tems ; qu'il suffisoit que quelqu'un de l'équipage mît son doigt dans le cordon, afin d'emporter la boëte hors de la Mer dans le Vaisseau, & après dans la chambre du Capitaine. Quelques-uns d'entr'eux m'entendant parler ainsi, penserent que j'étois un pauvre insensé ; d'autres en rirent. Je ne pensois pas que j'étois alors parmi des hommes de ma taille & de ma force. Le Charpentier vint, & dans peu de minutes fit un trou au haut de ma boëte, large de trois piés, & me presenta une petite échelle, sur laquelle je montai : j'entrai dans le Vaisseau en un état très-foible.

Les Matelots furent tous étonnés, & me firent mille questions, auxquelles je n'eus pas le courage de répondre. Je m'imaginois voir autant de Pigmées, mes yeux étant accoûtumés aux objets monstrueux que je venois de quitter. Mais le Capitaine Monsieur Thomas *Wilocks*, homme de probité & de mérite, originaire de la Province de Salop, remarquant que j'étois prêt de tomber en foiblesse, me fit entrer dans sa chambre, me donna un cordial pour me soulager, & me fit coucher sur son lit, me conseillant de prendre un peu de repos, dont j'avois assés de besoin. Avant que je m'endormisse, je lui fis entendre que j'avois des meubles précieux dans ma boëte, un brancard superbe, un lit de campagne, deux chaises, une table & une armoire; que ma chambre étoit tapissée, ou pour mieux dire, matelassée d'étoffes de soye & de coton. Que s'il vouloit ordonner à quelqu'un de son équipage d'aporter ma chambre dans sa chambre, je l'y ouvrirois en sa presence, & lui montrerois mes meubles. Le Capitaine m'entendant dire ces absurdités, jugea que j'étois fou : cependant, pour me complaire, il promit d'ordonner ce que je souhaitois, & montant sur le tillac, il envoya quelques-uns de ses gens visiter la caisse.

Je dormis pendant quelques heures, mais continuellement troublé par l'idée du païs que j'avois quitté, & du peril que j'avois couru. Cependant quand je m'éveillai, je me trouvai assés bien remis. Il étoit huit heures du soir, & le Capitaine donna ordre de me servir à souper incessamment, croïant que j'avois jeûné trop long-temps. Il me regala avec beaucoup d'honnêteté, remarquant néanmoins que j'avois des yeux égarés. Quand on nous eut laissé seuls, il me pria de lui faire le recit de mes voyages, & de lui apprendre par quel accident j'avois été abandonné au gré des flots dans cette grande caisse. Il me dit, que sur le midi, comme il regardoit avec sa lunette, il l'avoit découverte de fort loin, l'avoit prise pour une petite barque, & qu'il l'avoit voulu joindre, dans la vûë d'acheter du biscuit, le sien commençant à manquer ; qu'en approchant, il avoit connu son erreur,

& avoit envoyé sa Chalouppe pour découvrir ce que c'étoit ; que ses gens étoient revenus tout effrayés, jurant qu'ils avoient vû une maison flottante. Qu'il avoit ri de leur sottise, & s'étoit lui-même mis dans la Chalouppe, ordonnant à ses matelots de prendre avec eux, un cable très-fort. Que le temps étant calme, après avoir ramé autour de la grande caisse & en avoir plusieurs fois fait le tour, il avoit observé ma fenêtre ; qu'alors il avoit commandé à ses gens de ramer, & d'approcher de ce côté-là, & qu'attachant un cable à une des gâches de la fenêtre, il l'avoit fait remorquer ; qu'on avoit vû mon bâton & mon mouchoir hors de l'ouverture, & qu'on avoit jugé qu'il falloit que quelques malheureux fussent renfermés dedans. Je lui demandai, si lui ou son équipage n'avoit point vû des oiseaux prodigieux dans l'air, dans le tems qu'il m'avoit découvert. A quoi il répondit, que parlant sur ce sujet avec les Matelots, pendant que je dormois, un d'entr'eux lui avoit dit qu'il avoit observé trois Aigles volans vers le Nord. Mais il n'avoit point remarqué qu'elles fussent plus grosses qu'à l'ordinaire; ce qu'il faut imputer je crois à la grande hauteur où elles se trouvoient; & aussi ne pût-il pas deviner pourquoi je faisois cette question. Ensuite je demandai au Capitaine combien il croyoit que nous fussions éloignés de terre: il me répondit, que par le meilleur calcul qu'il eut pû faire, nous en étions éloignés de cent lieuës. Je l'assurai qu'il s'étoit certainement trompé presque de la moitié, parce que je n'avois pas quitté le païs, d'où je venois, plus de deux heures avant que je tombâsse dans la Mer : surquoi il recommença à croire que mon cerveau étoit troublé, & me conseilla de me remettre au lit, dans une chambre, qu'il avoit fait préparer pour moi. Je l'assûrai que j'étois bien rafraîchi de son bon repas, & de sa gracieuse compagnie, & que j'avois l'usage de mes sens, & de ma raison, aussi parfaitement que je l'avois jamais eu. Il prit alors son sérieux, & me pria de lui dire franchement si je n'étois pas troublé dans mon ame, & si je n'avois point la conscience bourrelée de quelque crime, pour lequel j'avois été puni par l'ordre de quelque Prince, & exposé dans cette caisse, comme quelquefois les criminels en certains païs sont abandonnés à la merci des flots, dans un vaisseau sans voiles, & sans vivres : que quoi qu'il fut bien fâché d'avoir reçû un tel scelerat dans son vaisseau, cependant il me promettoit sur sa parole d'honneur de me mettre à terre en sûreté au premier Port, où nous arriverions. Il ajoûta que ses soupçons s'étoient beaucoup augmentés par quelques discours très-absurdes, que j'avois tenus d'abord aux matelots, & ensuite à lui-même, à l'égard de ma boëte & de ma chambre, aussi-bien que par mes yeux égarés, & ma bizarre contenance.

Je le priai d'avoir la patience de m'entendre faire le recit de mon Histoire : je le fis très-fidèlement
depuis

depuis la derniere fois, que j'avois quitté l'*Angleterre* jusqu'au moment qu'il m'avoit découvert. Et comme la vérité s'ouvre toûjours un passage dans les Esprits raisonnables, cet honnête & digne Gentilhomme, qui avoit un très-bon sens, & n'étoit pas tout-à-fait dépourvû de Lettres, fût satisfait de ma candeur & de ma sincerité. Mais d'ailleurs pour confirmer tout ce que j'avois dit, je le priai de donner ordre de m'apporter mon armoire, dont j'avois la clef, je l'ouvris en sa presence, & lui fis voir toutes les choses curieuses, travaillées dans le païs, d'où j'avois été tiré d'une maniere si étrange. Il y avoit entr'autres choses, le peigne que j'avois formé des poils de la barbe du Roy, & une autre de la même matiere dont le dos étoit d'une rognure de l'ongle du pouce de Sa Majesté. Il y avoit un paquet d'aiguilles & d'épingles longues d'un pied & demi. Une bague d'or, dont un jour la Reine me fit presei d'une maniere très-obligeante, l'ôtant de

Tome I.   X

son petit doigt & me la mettant au cou comme un colier. Je priai le Capitaine de vouloir bien accepter cette bague en reconnoissance de ses honnêtetés, ce qu'il refusa absolument. Enfin je le priai de considerer la culote que je portois alors, qui étoit faite de peau le souris.

Le Capitaine fut très-satisfait de tout ce que je lui racontai, & me dit qu'il esperoit qu'après nôtre retour en *Angleterre*, je voudrois bien en écrire la relation & la donner au public. Je répondis que je croyois que nous avions déja trop de livres de voyages : que mes avantures passeroient pour un vrai roman, & pour une fiction ridicule; que ma relation ne contiendroit que des descriptions de plantes, & d'animaux extraordinaires, de loix, de mœurs, & d'usages bizares; que ces descriptions étoient trop communes, & qu'on en étoit las, & que n'ayant rien autre chose à dire touchant mes voyages, ce n'étoit pas la peine de les écrire. Je le remerciai de l'opinion avantageuse qu'il avoit de moi.

A BROBDINGNAG.

Il me parut étonné d'une chose, qui fut de m'entendre parler si haut, me demandant si le Roy & la Reine de ce païs étoient sourds. Je lui dis que c'étoit une chose à laquelle j'étois accoûtumé depuis plus de deux ans, & que j'admirois de mon côté sa voix & celle de ses gens, qui me sembloient toûjours me parler tout bas & à l'oreille ; mais que malgré cela je les pouvois entendre assés bien. Que quand je parlois dans ce païs, j'étois comme un homme qui parle dans la ruë à un autre, qui est monté au haut d'un clocher, excepté quand j'étois mis sur une table, ou tenu dans la main de quelque personne. Je lui dis que j'avois même remarqué une autre chose, c'est que d'abord que j'étois entré dans le Vaisseau, lorsque les Matelots se tenoient debout autour de moi, ils me paroissoient infiniment petits. Que pendant mon séjour dans ce païs, je ne pouvois plus me regarder dans un miroir, depuis que mes yeux s'étoient accoûtumés à de grand objets, parce que la comparaiſon que je faiſois me rendoit mépriſable à moi-même. Le Capitaine me dit, que pendant que nous ſoupions il avoit auſſi remarqué que je regardois toutes choſes avec une eſpece d'étonnement, & que je lui ſemblois quelquefois avoir de la peine à m'empêcher d'éclater de rire ; qu'il ne ſçavoit pas fort bien alors comment il le devoit prendre, mais qu'il l'attribua à quelque dérangement dans ma cervelle. Je répondis que j'étois étonné comment j'avois été capable de me contenir, en voyant ſes plats de la groſſeur d'une piece d'argent de trois ſols, une éclanche de mouton, qui étoit à peine une bouchée, un gobelet moins grand qu'une écaille de noix, & je continuai ainſi faiſant la deſcription du reſte de ſes meubles & de ſes viandes par comparaiſon. Car quoique la Reine m'eut donné pour mon uſage, tout ce qui m'étoit néceſſaire dans une grandeur proportionnée à ma taille ; cependant mes idées étoient occupées entierement de ce que je voyois autour de moi,

& je faisois comme tous les hommes qui considerent sans cesse les autres, sans se considerer eux-mêmes, & sans jetter les yeux sur leur petitesse. Le Capitaine faisant allusion au vieux proverbe Anglois, me dit que mes yeux étoient donc plus grands que mon ventre, puisqu'il n'avoit pas remarqué que j'eusse un grand appetit, quoique j'eusse jeûné toute la journée ; & continuant de badiner, il ajoûta qu'il auroit donné avec plaisir cent livres sterlings pour avoir le plaisir de voir ma Caisse dans le bec de l'Aigle, & ensuite tomber d'une si grande hauteur dans la Mer, ce qui certainement auroit été un objet très-étonnant & digne d'être transmis aux siécles futurs.

Le Capitaine revenant du *Tonquin*, faisoit sa route vers l'*Angleterre*, & avoit été poussé vers le Nord-Est à quarante-quatre degrés de latitude, & à cent quarante-trois de longitude. Mais un vent de saison s'élevant deux jours après que je fus à son bord, nous fûmes poussés au Nord pendant un long-tems, & cotoyans la *Nouvelle Hollande*, nous fîmes route vers l'Oüest-Nord-Oüest, & depuis au Sud-Sud-Oüest, jusqu'à ce que nous eussions doublé le *Cap de bonne Esperance*. Nôtre voyage fut très-heureux, mais j'en épargnerai le journal ennuyeux au Lecteur. Le Capitaine moüilla à un ou deux ports, & y fit entrer sa chaloupe pour chercher des vivres & faire de l'eau ; pour moi, je ne sortis point du Vaisseau, que nous ne fussions arrivés aux *Dunes*. Ce fut, je crois, le trois de Juin 1706. environ neuf mois après ma délivrance. J'offris de laisser mes meubles pour la sûreté du payement de mon passage: mais le Capitaine protesta qu'il ne vouloit rien recevoir. Nous nous dîmes adieu très-affectueusement, & je lui fis promettre de me venir voir à *Redriff*. Je loüai un cheval & un guide pour un écu, que me prêta le Capitaine.

Pendant le cours de ce voyage, remarquant la petitesse des maisons, des arbres, du bétail &

du peuple, je pensai me croire encore à *Lilliput*. J'eus peur de fouler aux piés les Voyageurs que je rencontrai; & je criai souvent pour les faire reculer du chemin, en sorte que je courus risque une ou deux fois d'avoir la tête cassée pour mon impertinence.

Quand je me rendis à ma maison, que j'eus de la peine à reconnoître, un des domestiques ouvrant la porte, je me baissai pour entrer de crainte de me blesser la tête: cette porte me sembloit un guichet. Ma Femme accourut pour m'embrasser, mais je me courbai plus bas que ses genoux, songeant qu'elle ne pourroit autrement atteindre ma bouche. Ma fille se mit à mes genoux pour me demander ma benediction. Mais je ne pûs la distinguer que lors qu'elle fut levée, ayant été depuis si long-tems accoûtumé à me tenir debout, avec ma tête & mes yeux levés en haut. Je regardai tous mes domestiques, & un ou deux amis qui se trouverent alors dans la maison, comme s'ils avoient été des Pygmées, & moi un Géant. Je dis à ma Femme qu'elle avoit été trop frugale ; car je trouvois qu'elle s'étoit réduite elle-même, & sa fille presque à rien. En un mot, je me conduisis d'une maniere si étrange, qu'ils furent tous de l'avis du Capitaine, quand il me vit d'abord, & conclurent que j'avois perdu l'esprit. Je fais mention de ces minuties, pour faire connoître le grand pouvoir de l'habitude & du préjugé.

En peu de tems, je m'accoûtumai à ma femme, à ma famille & à mes amis : mais ma femme protesta que je n'irois jamais sur Mer ; toutefois mon mauvais destin en ordonna autrement, comme le Lecteur le pourra sçavoir dans la suite. Cependant c'est ici que je finis la seconde Partie de mes malheureux Voyages.

Fin du Tome premier.

www.ingramcontent.com/pod-product-compliance
Lightning Source LLC
Chambersburg PA
CBHW070759170426
43200CB00007B/843